Church Armenian

Liturgy of the holy apostolic church of Armenia

Church Armenian

Liturgy of the holy apostolic church of Armenia

ISBN/EAN: 9783337283254

Printed in Europe, USA, Canada, Australia, Japan

Cover: Foto ©Lupo / pixelio.de

More available books at **www.hansebooks.com**

ՊԱՏԱՐԱԳԱՄԱՏՈՅՑ

ՀԱՅԱՍՏԱՆԵԱՅՑ ԱՌԱՔԵԼԱԿԱՆ ՍՈՒՐԲ ԵԿԵՂԵՑԻՈՅ·

ՀԱՅԵՐԷՆ և ԱՆԳՂԻԵՐԷՆ։

LITURGY

OF THE

Holy Apostolic Church of Armenia.

ARMENIAN AND ENGLISH.

ԼՈՆԴՈՆ—LONDON.

1887.

ՆՈՒԷՐՔ

Ի ՆՊԱՍՏ ՏՊԱԳՐՈՒԹԵԱՆՍ·

Բարեպաշտ ոմն նուիրեաց . ․․ . 20 *ոսկի Անգղ։*

Այլ ոմն բարեպաշտ նուիրեայ . . 12 „

ԱԶԴ.

Պատարագամատոյցս Հայաստանեայց Առաքելական Սուրբ Եկեղեցւոյ. երկիցս թարգմանեցաւ յԱնգղիական բարբառ 'ի նոցունց իսկ Անգղիացի եկեղեցականաց. նախ 'ի ձեռն գերապատիւ Ռ. Վ. Բլակմորի՝ 'ի վերայ Ռուսական թարգմանութեանն, զոր արարեալ էր Երկայնաբազուկ Իշխան Արղութեանց Յովսէփ Արքեպիսկոպոս Հայոց Ռուսիոյ, և երկրորդ անգամ՝ 'ի ձեռն գերապատիւ Ս. Կ. Մ՚ալանի. Մ. Ա. երբեմն Առաջնորդ 'ի Բրօդվինձըր, 'ի վերայ Հայ բնագրին տպագրելոյ 'ի Կոստանդնուպօլիս հրամանաւ Պօղոս Պատրիարքի Անդրիանուպօլսեցւոյ: Կրկին թարգմանութիւնքն այնոքիկ, թէպէտև կրկնակի տպագրութեամբք երևեցան մինչև ցայժմ, այլ առանձինն. բայց արդ ունելով մեր պատճառս բազումս, կարևոր դատեցաք զՀայ բնագիրն 'ի միասին ընդ Անգղիական թարգմանութեանն 'ի մի գրքոյկ տալ տպագրել:

Յաղագս Հայ բնագրին առաջնորդ կալաք մեզ զերկուս օրինակս Խորհրդատետրից տպագրելոց մին 'ի Զմիւռին քաղաքի յամի Տեառն 1761, և միւսն յԵրուսաղէմ յամին 1873, մուծեալ 'ի նա 'ի կարգէ Ժամամուտից և Շարականաց և Սրբասացութեանց զայնպիսիս միայն, զորս բաւական համարեցաք 'ի խորհուրդ ընդհանուր եթէ տօնական և եթէ լուր աւուրց: Իսկ յաղագս Անգղիականին՝ թէ ըստ

NOTICE.

The Liturgy of the Holy Apostolic Church of Armenia has already been twice translated into English by English clergymen; first by the late Rev. R. W. Blackmore from a Russian translation made by Dolgoroucki Prince Joseph Arghouthiants, Armenian Archbishop in Russia; and secondly by the Rev. S. C. Malan, D.D., formerly Vicar of Broadwindsor, from the Armenian original printed at Constantinople by command of the Patriarch Paul of Adrianople; and each of these versions has passed through two editions. Owing, however, to many circumstances, I have been urged to prepare a Manual which should contain the Armenian original together with an English translation.

For the original I have used, as guides, copies of two Missals, one printed in the city of Smyrna in 1761, and the other in Jerusalem in 1873, inserting a set of proper portions, namely, Introits, Hymns, and Trisagions, which may serve alike for festivals and ordinary days; and for the English I have selected the second of the above mentioned translations, on account of its fidelity and style, the venerable translator having given me permission to use the same, and expressed his willingness to assist me during the printing; which promise he has

հաւատարմութեանն և թէ ըստ ոճոյն, յերկուց թարգմանութեանց անտի, երկրորդաւն ընտրեցաք վարել. առ որ ոչ միայն զկամակարն հաճութիւն ետ մեզ մեծարու թարգմանիչն, այլ և յաւել զպատրաստականութիւն իւր յաջակցութիւն տպագրութեանս. զոր կատարեաց սիրով, վերստին ակնարկելով 'ի նախկին իւր թարգմանութիւնն և նորոգ թարգմանելով զըստ պատշաճին եդեալս 'ի մէնջ: Այս բարեմիտն նորա ծառայութիւն պարտս մեծի շնորհաց եդ 'ի վերայ մեր:

ԵՍԱՅԻ ՎԱՐԴԱՊԵՏ ԱՍՏՈՒԱԾԱՏՐԵԱՆՑ.

fulfilled, kindly revising his former translation and newly translating the proper portions which have been given by me. For whose help and hearty co-operation I am greatly indebted.

ARCHIMANDRITE ESSAÏE
ASDVADZADOURIANTS.

Օրհնեալ Տէր մեր Յիսուս Քրիստոս. ամէն:

Հայր մեր որ յերկինս ես, սուրբ եղիցի անուն քո. եկեսցէ արքայութիւն քո. եղիցին կամք քո որպէս յերկինս և յերկրի: Զհաց մեր հանապազորդ տուր մեզ այսօր. և թող մեզ զպարտիս մեր, որպէս և մեք թողումք մերոց պարտապանաց. և մի տանիր զմեզ ՚ի փորձութիւն. այլ փրկեա զմեզ ՚ի չարէ: Զի քո է արքայութիւն և զօրութիւն և փառք յաւիտեանս. ամէն:

Զսաղմոսերգութիւնս և զաղաչանս ընկալցի մարդասէրն Աստուած ՚ի հաճոյս բարերար կամաց իւրոց. մեր մեղացն և բազում յանցանացն թողութիւն շնորհեսցէ. ՚ի չարեաց փրկեսցէ. ՚ի մեղաց պահեսցէ. և նմա փառք յաւիտեանս. ամէն:

Blessed be our Lord Jesus Christ.   Amen.

———

Our Father, which art in heaven, hallowed be Thy name. Thy kingdom come. Thy will be done on earth as it is in heaven. Give us this day our daily bread, and forgive us our trespasses, as we forgive them that trespass against us; and lead us not into temptation; but deliver us from evil. For Thine is the kingdom, and the power and the glory, for ever and ever.   Amen.

———

May God, the lover of man, accept our psalmodies and suplications according to His beneficent will. May He grant forgiveness of our sins and great transgressions, deliver us from evil, and save us from our sins; and let there be glory to Him for ever.   Amen.

ՊԱՏԱՐԱԳԱՄԱՏՈՅՑ

ՀԱՅԱՍՏԱՆԵԱՅՑ ԱՌԱՔԵԼԱԿԱՆ ՍՈՒՐԲ ԵԿԵՂԵՑՒՈՅ.

LITURGY

OF THE

Holy Apostolic Church of Armenia.

ՕՐՀՆՈՒԹ ԱՐԿԱՆՆԵԼՈՅ ՍՊԱՍ ԵԿԵՂԵՑՒՈՅ։

Յորժամ կամիցի քահանայն պատարագ մատուցանել. պարտի այսպէս խորհրդաբար զգեստաւորել։ Մտցէ յառաջագոյն հանդերձ սարկաւագօքն. որ զգեստուցն են պատարագել։ Եւ զգեցեալ պաշտօնէիցն ըստ երաժշտական արտաքնոյն. ասասցեն զայս. Սաղմոս. ՃԼԱ. կցուրդ։

Քահանայք քո զգեցցին զարդարութիւն . և սուրբք քո ցնծալով ցնծասցեն ։

Յիշեա, տէր, զԴաւիթ . և զամենայն հեզութիւն նորա ։

Որպէս երդուաւ տեառն . և ուխտս եդ Աստուծոյ Յակովբայ ։

Թէ ոչ մտից 'ի յարկս տան իմոյ . թէ ելից յանկողինս մահճաց իմոց ։

Թէ տաց քուն աչաց իմոց . կամ նինջ արտեւանաց իմոց . կամ հանգիստ իրանաց իմոց . մինչև գտից զտեղի յարկի տեառն Աստուծոյ Յակովբայ ։

Ահա լուաք զնմանէ յԵփրաթայ . և գտաք զնա 'ի դաշտս մայրեաց ։

Մտցուք 'ի յարկս նորա . երկրպագեսցուք 'ի տեղւոջ, ուր կացեալ են ոտք նորա ։

Արի, Տէր, 'ի հանգիստ քո . դու և տապանակ կտակի սրբութեան քո ։

THE ORDER OF MINISTRATION IN THE CHURCH.

When the Priest intends to offer the oblation, he must put on vestments suitable for the service. With the deacons, therefore, he goes into vestry, where the vestments are kept. Then the several ministers being apparelled, every one according to his order, they shall say, in antiphon, Psalm cxxxii.

Let Thy priests be clothed with righteousness, and let Thy saints sing with joyfulness.

Lord, remember David, and all his trouble.

How he sware unto the Lord, and vowed unto the mighty God of Jacob.

Surely I will not come into the tabernacle of my house, nor go up into my bed;

I will not give sleep to mine eyes, nor slumber to mine eyelids, neither any rest to my body, until I find out a place for the Lord, an habitation for the mighty God of Jacob.

Lo, we heard of it at Ephratah: we found it in the fields of the wood.

We will go into His tabernacle: we will worship at his foot-stool.

Arise, O Lord, into Thy resting place; Thou and the Ark of the covenant of Thy holiness.

Երիցունք քո զգեցցին զարդարութիւն․ և սուրբք քո ցնծալով ցնծասցեն ։

Վասն Դաւթի սիրելւոյ քո․ մի դարձուցաներ զերեսս քո յօծելոյ քումմէ ։

Երդուաւ տէր Դաւթի ճշմարտութեամբ և ոչ ստեաց նմա․ ՚ի պտղոյ որովայնի նորա նստուցանել յաթոռ նորա ։

Եթէ պահեսցեն որդիք քո զօրէնս իմ և զվկայութիւնս իմ՝ զոր ուսուցից նոցա ։

Որդիք նոցա նստցին յաւիտեանս յաւիտենից յաթոռ քո ։

Հաճեցաւ Տէր ընդ Սիօն․ և ընտրեաց բնակել ՚ի նմա․ ասէ․ ա՛յս է հանգիստ իմ յաւիտեանս յաւիտենից․ ՚ի սմա բնակեցայց՝ զի հաճեցայ ընդ սա ։

Զայրիս սորա օրհնելով օրհնեցից․ և զաղքատս սորա լցուցից հացիւ ։

Երիցանց սորա զգեցուցի զփրկութիւն․ և սուրբք սորա ցնծալով ցնծասցեն ։

Անդ ծագեցից եղջիւր ՚ի Դաւիթ․ պատրաստ արարից ճրագ օծելոյ իմոյ ։

Զթշնամեաց սորա զգեցուցից զամօթ․ և ՚ի վերայ նորա ծաղկեսցի սրբութիւն իմ՝

Փառք Հօր և Որդւոյ և Հոգւոյն Սրբոյ․

Այժմ և միշտ և յաւիտեանս յաւիտենից․ ամէն ։

Եւ Սարկաւագն քարոզեսցէ ։

Եւ ևս խաղաղութեան զՏէր աղաչեսցուք ։

Let Thy priests be clothed with righteousness; and let Thy saints shout for joy.

For Thy servant David's sake, turn not away the face of Thine Anointed.

The Lord hath sworn in truth unto David; He will not turn from it: Of the fruit of thy body will I set upon thy throne.

If thy children will keep my covenant and my testimonies that I shall teach them:

Their children shall also sit upon thy throne for evermore.

For the Lord hath liked Sion: He hath chosen it for His habitation. This is my rest for ever: here will I dwell; for I have taken pleasure in it.

I will abundantly bless her provisions: I will satisfy her poor with bread.

I will also clothe her priests with salvation: and her saints shall shout aloud for joy.

There will I make the horn of David to flourish: I have ordained a lamp for mine Anointed.

His enemies will I clothe with shame: but upon himself shall my holiness flourish.

Glory be to the Father, and to the Son, and to the Holy Ghost.

Now and for ever, world without end. Amen.

The Deacon, aloud.

Let us pray to the Lord in peace.

Խնդրեսցուք հաւատով միաբանութեամբ ՚ի Տեառնէ. զի զողորմութեան զշնորհսն իւր արասցէ ՚ի վերայ մեր. ամենակալ Տէր Աստուած մեր. կեցուսցէ և ողորմեսցի։

Եւ ասասցեն երկրպագեալ. Տէր ողորմեա։

Աղօթս ասասցէ պատարագիչ քահանայն յառաջ քան զզգեստաւորելն։

Որ զգեցեալ ես զլոյս որպէս հանդերձ Տէր մեր Յիսուս Քրիստոս։ Անճառելի խոնարհութեամբ յերկրի երևեցար և ընդ մարդկան շրջեցար։ Որ եղեր քահանայապետ յաւիտենից ըստ կարգին Մելքիսեդեկի և զարդարեցեր զեկեղեցի քո սուրբ։ Տէր ամենակալ, որ պարգևեցեր մեզ զնոյն զերկնային հանդերձ զգենուլ։ Արժանի արա և զիս ՚ի ժամուս յայսմիկ զանպիտան ծառայս քո։ Որ համարձակիմ՝ և մերձենամ ՚ի նոյն հոգևոր պաշտօն փառաց քոց։ Որպէս զի զամենայն ամբարշտութիւնս մերկացայց, որ է հանդերձ պղծութեան, և զարդարեցայց լուսով քով. ընկեա՛ յինէն զչարիս իմ, և թօթափեա՛ զյանցանս իմ. որպէս զի արժանի եղէց հանդերձեալ լուսոյդ առ ՚ի քէն։ Շնորհեա՛ ինձ քահանայական փառօք մտանել ՚ի պաշտօն սրբութեանց քոց, ընդ այնոսիկ՝ որք անմեղութեամբ պահեցին զպատուիրանս քո։ Զի և ես պատրաստ գտայց երկնաւոր առագաստիդ ընդ իմաստուն կուսանսն. փառաւորել զքեզ Քրիստոս, որ բարձեր զմեղս ամենեցուն։ Զի դու ես սրբութիւն անձանց մերոց և քեզ բարերարիդ Աստուծոյ վայել է

Let us ask the Lord in faith, and with one accord, that He will bestow on us the grace of His mercy. The Lord Almighty, our God, will save us, and have mercy upon us.

Then to be said, twelve times, "Lord have mercy upon us."

Private prayers of the Celebrant Priest before putting on his robes.

O Lord Jesu Christ, who art clothed with light as with a garment, Thou didst appear on earth in unspeakable humility, and didst converse with men. Thou who wast made eternal High Priest after the order of Melchisedec, and who didst adorn Thy Holy Church; O Lord Almighty, who hast vouchsafed unto us to put on that same heavenly garment, fit me, Thine unworthy servant, at this hour, when I venture to draw nigh to this spiritual service of Thy glory. Wherefore, in order that I be stripped of the defiled garment of all ungodliness, and that I be adorned with Thy light, remove my wickedness from me, and blot out my transgressions, that I be made worthy of the light Thou hast prepared for me. Grant me to enter with priestly glory upon the ministry of Thy holy things, in company with those who have kept Thy commandments without sin. So that I also be found prepared for the heavenly marriage feast with the wise virgins; there to glorify Thee, O Christ, who didst take away the sins of all men. For Thou art the holiness of our persons, and

փառք իշխանութիւն և պատիւ. այժմ և միշտ և յաւիտեանս յաւիտենից. ամէն:

Եւ հրամայեալ սարկաւագունքն, զգեցուցանեն նմա զհանդերձս ասելով:

Եւ ևս խաղաղութեան զՏէր աղաչեսցուք. ընկալ կեցո՛ և ողորմեա՛:

Դպրապետն: Օրհնութիւն և փառք Հօր և Որդւոյ և Հոգւոյն Սրբոյ. այժմ և միշտ և յաւիտեանս յաւիտենից. ամէն:

Եւ յետ օրհնութեանն, դնէ յառաջ զխոյրն ՚ի գլուխն և ասասցէ:

Դի՛ր, Տէ՛ր, սաղաւարտ փրկութեան ՚ի գլուխ իմ. պատերազմիլ ընդ զօրութիւնս թշնամւոյն. շնորհօք Տեառն մերոյ Յիսուսի Քրիստոսի. որում վայել է փառք իշխանութիւն և պատիւ. այժմ և միշտ և յաւիտեանս յաւիտենից. ամէն:

Շապկին:

Զգեցո՛, Տէ՛ր, ինձ հանդերձ փրկութեան, և պատմուճան ուրախութեան. և շուրջ պատեա՛ զզգեստովս փրկութեան. շնորհօք Տեառն մերոյ Յիսուսի Քրիստոսի:"

Փորուրարին:

Զգեցո՛, Տէ՛ր, պարանոցի իմոյ զարդարութիւն. և սրբեա՛ զսիրտ իմ յամենայն աղտեղութենէ մեղաց. շնորհօք Տեառն մերոյ Յիսուսի Քրիստոսի:"

Գօտւոյն:

Շուրջ պատեսցէ կամար հաւատոյ զմէջս սրտի

unto Thee, O beneficent God, belong glory, dominion, and honour, now and ever, world without end. Amen.

Then the Deacons drawing near, shall robe him, saying,

Let us pray to the Lord in peace. Receive us, save us, and have mercy upon us [O Lord].

The Priest. Blessing and glory to the Father, and to the Son, and to the Holy Ghost, now and ever, world without end. Amen.

After the blessing he shall first put the mitre upon his head, and say,

Lord, put upon me the helmet of salvation, that with strength I may fight the enemy. By the grace of our Lord Jesus Christ; unto whom belong glory, dominion, and honour; now and ever, world without end. Amen.

For the Albe.

Clothe me, O Lord, with the garment of salvation, and with the robe of joyfulness; and surround me with vesture of salvation. By the grace of our Lord Jesus Christ, etc.

For the Stole.

Clothe my neck, O Lord, with righteousness, and cleanse my heart from all defilement of sin. By the grace of our Lord Jesus Christ, etc.

For the Girdle.

Let the girdle of faith, bound in the middle of my

իմոյ և մտացս․ և շիջուսցէ ՚ի սոցանէ զխորհուրդս աղտեղիս․ և զօրութիւն շնորհաց քոց յամենայն ժամ բնակեսցէ ՚ի սոսա․ շնորհօք Տեառն մերոյ Յիսուսի Քրիստոսի :"

Աջ Բազուկն :

Տուր, Տէր, զօրութիւն աջոյ ձեռին իմոյ, և լուա զամենայն աղտեղութիւնս իմ․ որպէս զի կարող լինիցիմ սպասաւորել քեզ անախտութեամբ հոգւոյ և մարմնոյ․ շնորհօք Տեառն մերոյ Յիսուսի Քրիստոսի :"

Ահեակ Բազուկն :

Տուր, Տէր, զօրութիւն ձախոյ ձեռին իմոյ, և լուա զամենայն աղտեղութիւնս իմ․ որպէս զի կարող լինիցիմ սպասաւորել քեզ անախտութեամբ հոգւոյ և մարմնոյ․ շնորհօք Տեառն մերոյ Յիսուսի Քրիստոսի :"

Վակասն :

Օգնեա՛, Տէր, պարանոցի ոյ զարդարութիւն, և սրբեա՛ զսիրտ իմ յամենայն աղտեղութենէ մեղաց․ շնորհօք Տեառն մերոյ Յիսուսի Քրիստոսի :"

Նափորտէն՝ որ է շուրջառ :

Տէր, ողորմութեամբ քով զգեցո՛ ինձ զգեստ պայծառ և պարսպեա՛ ընդդէմ ներգործութեան չարին․ զի արժանի եղէց փառաւորել զքո փառաւորեալ անունդ․ շնորհօք Տեառն մերոյ Յիսուսի Քրիստոսի :"

heart and of my mind, wipe off from them the thought of impurity; and cause the power of Thy grace to abide in them at all times. By the grace of our Lord Jesus Christ, etc.

For the right Maniple.

Give strength, O Lord, to my right hand, and wash away all my filthiness; that I be enabled to wait on Thee in cleanness of mind and body. By the grace of our Lord Jesus Christ, etc.

For the left Maniple.

Give strength, O Lord, to my left hand and wash away all my filthiness; that I be enabled to wait on Thee in cleanness of mind and body. By the grace of our Lord Jesus Christ, etc.

For the Vagas (Ephod).

Clothe my neck, O Lord, with righteousness, and cleanse my heart from all filthiness of sin. By the grace of our Lord Jesus Christ, etc.

For the Chasuble.

Lord, of Thy mercy, clothe me with a bright garment, and protect me against the wiles of the wicked; that I be counted worthy to glorify Thy glorious name. By the grace of our Lord Jesus Christ, etc.

Ցետ ղչեւտաւուրեւլայ, ուրճաղան ղչեւտաւան ատէ ։

Ցնծասցէ անձն իմ՝ 'ի Տէր, զի զգեցոյց ինձ հանդերձ փրկութեան և պատմուճան ուրախութեան . իբրև փեսայի եդ ինձ պսակ . և որպէս զհարսն զարդու զարդարեաց զիս . շնորհօք Տեառն մերոյ Յիսուսի Քրիստոսի :"

Թաշքէնակէն ։

Արբեա՛, Տէր, զձեռս իմ յամենայն աղտեղութենէ մեղաց . շնորհօք Տեառն մերոյ Յիսուսի Քրիստոսի :"

Մէնչ Քահանան ղչէնաւ, Դաղէրան Երգէն ղայս շարաժան ։

Խորհուրդ խորին անհաս անսկիզբն . որ զարդարեցեր զվերին պետութիւնդ . 'ի յառագաստ անմատոյց լուսոյն . գերապանծ փառօք զդասս հրեղինաց :

Անճառահրաշ զօրութեամբ . ստեղծեր զԱդամ պատկեր տիրական . և նազելի փառօք զգեստաւորեցեր . 'ի դրախտն Եդենի տեղի բերկրանաց :

Չարչարնօք քո սուրբ միածնին . նորոգեցան արարածք ամենայն . և վերստին մարդն անմահացաւ . զարդարեալ 'ի զգեստ անկողոպտելի :

Անձրևածին բաժակ հրահոսան . որ հեղար յԱռաքեալսն 'ի սուրբ վերնատանն . հեղ և 'ի մեզ Հոգիդ սուրբ Աստուած . ընդ պատմուճանի զքո զիմաստութիւն :

Տան քում վայելէ սրբութիւն . որ զգեցար զվա-

After having put on all his vestments, the Priest shall say,

My soul shall rejoice in the Lord, because He has clothed me with a garment of salvation, and with a vesture of gladness; He has put upon me a crown as upon a bridegroom, and has adorned me like a bride with her jewels. By the grace of our Lord Jesus Christ, etc.

For the Towel.

Cleanse my hands, O Lord, from all filthiness of sin. By the grace of our Lord Jesus Christ, etc.

While the Priest is robing, the choir sing this hymn:

O mystery, deep, unsearchable, eternal! Who hast set up Thy dwelling in light, which no man can approach unto, in splendid glory of brilliant heavenly spirits:

With wonderful power didst Thou create Adam a lordly figure, and didst clothe him in glorious attire in the garden of Eden, the abode of delights;

Through the sufferings of Thine only Begotten, Thou hast received all creatures, and again hast made man immortal, clad in a garment which no one can take from him.

O chalice of rain of fire, that fell on the Apostles in the holy upper chamber; O God, pour Thy Holy Spirit on us also, together with the garment of Thy wisdom.

Holiness becometh Thy house, who art clothed in

յելչութիւն · սրբութիւն փառաց ընդ մէջ քո ածեալ. պատնեա՛ զմէջս մեր ճշմարտութեամբ :

Որ զարարչագործ բազուկս քո . տարածեցեր ընդդէմ ատեղաց . հաստատեա՛ զբազուկս մեր կարողութեամբ . համբարձմամբ ձեռաց աւքեղ միջնորդիլ :

Խիւսմամբ թագ 'ի գլուխ . պատեսցես զմիտս և զզայարանս . խաչանիշ ուրարամբ ըստ Ահարոնի . ծաղկեալ յոսկեթել 'ի զարդ խորանի :

Բամից բոլորից տիրապէս Աստուածպետական . Նախորտապատ սիրով զմեզ զգեստաւորեցեր . քում սուրբ խորհրդոյդ լինել սպասաւոր :

Թագաւոր երկնաւոր . զեկեղեցի քո անշարժ պահեա՛ . և զերկրպագուս անուանդ քում . պահեա՛ 'ի խաղաղութեան :

Եւ եկեալ առաջի սրբոյ Սեղանոյն : Եւ քահանայն լուանայ զձեռս ասելով. Սաղմոս. իե. չորրորդ :

Լուացից սրբութեամբ զձեռս իմ . և շուրջ եղէց զսեղանով քով Տէր :

Դատ արա ինձ, Տէր, զի ես յամբծութեան իմում գնացի . 'ի Տէր յուսացայ, զի մի՛ եղէց հիւանդ :

Փորձեա՛ զիս, Տէր, և քննեա՛ զիս . փորձեա՛ զերիկամունս իմ և զսիրտ իմ .

Ողորմութիւն քո, Տէր, առաջի աչաց իմոց . և հաճոյ եղէց ճշմարտութեան քում :

majesty. As thou art surrounded with the beauty of holiness, so also gird us about with truth.

Thou who didst spread Thy creating arms to the stars, strengthen our arms with power, to intercede when we lift up our hands unto Thee.

Bind our thoughts and our senses as the weft of this tire binds our head, and let this crosswise stole embroidered with golden flowers, like that of Aaron, be for the honour of the Sanctuary.

Supreme, divine Sovereign of countless multitudes, clothe us in the tunic of love, in order to fit us for the due ministration of Thy mysteries.

Heavenly King, keep Thy church immoveable, and maintain in peace the worshippers of Thy Holy Name.

Then they all step in front of the Holy Table, and the Priest washes his hands, saying Psalm xxvi. [*in antiphon*].

I will wash my hands in innocency; so will I compass Thine altar, O Lord.

Judge me, O Lord, for I have walked in mine integrity: I have trusted also in the Lord without wavering.

Examine me, O Lord, and prove me; try my reins and my heart.

For Thy loving-kindness is before mine eyes; and I have walked in Thy truth.

Ոչ նստայց ես յաթոռս նանրաց. և ընդ անօրէնս ես ոչ մտից:

Ատեցի ես զժողովս չարաց. և ընդ ամբարիշտս ես ոչ նստայց.

Լուացից սրբութեամբ զձեռս իմ՝. և շուրջ եղէց զսեղանով քով Տէր:

Լսել ինձ զձայն օրհնութեան քո. և պատմել զամենայն սքանչելիս քո:

Տէր, սիրեցի զվայելչութիւն տան քո. և զտեղի յարկի փառաց քոց:

Մ՛ի կորուսաներ ընդ ամբարիշտս զանձն իմ՝. և մ՛ի ընդ արս արիւնահեղս զկեանս իմ:

Որոց ձեռք իւրեանց յանօրէնութեան են. և աջ նոցա լի է կաշառօք:

Ես յամբծութեան իմում գնացի. փրկեա՛ զիս, Տէր, և ողորմեա՛ ինձ:

Ոտն իմ՝ կացցէ յուղղութեան. յեկեղեցիս մեծս օրհնեցից զքեզ:

Փառք Հօր և Որդւոյ և Հոգւոյն Սրբոյ.

Այժմ՝ և միշտ և յաւիտեանս յաւիտենից. ամէն:

Քահանայն: Ես վասն սրբուհւոյ Աստուածածնին բարեխօսութեանն, Տէր, ընկա՛լ, զաղաչանս մեր և կեցո՛ զմեզ:

Սարկաւագն: Սուրբ զԱստուածածինն և զամենայն

I shall not sit with vain persons: neither will I go in with the wicked.

I hate the congregation of evil-doers, and I will not sit with the ungodly.

I will wash my hands in innocency, so will I compass Thine altar, O Lord.

That I may cause the voice of thanksgiving to be heard, and tell of all Thy wondrous works.

Lord, I have loved the habitation of Thy house; and the place where Thy glory dwelleth.

Gather not my soul with sinners, nor my life with men of blood:

In whose hands is mischief, and their right hand is full of bribes.

But as for me, I will walk in mine integrity: redeem me and be merciful unto me.

My foot standeth in an even place: In the congregations will I bless the Lord.

Glory be to the Father, and to the Son, and to the Holy Ghost.

Now and ever, world without end. Amen.

The Priest. For the sake of the Holy Mother of God, O Lord, accept our supplications, and save us alive.

The Deacon. Let us make the Holy Mother of God

սուրբս բարեխօս արասցուք առ Հայր 'ի յերկինս · զի կամեցեալ ողորմեսցի և գթացեալ կեցուսցէ զպարարած իւր ։ Ամենակալ Տէր Աստուած մեր · կեցո և ողորմեա ։

Քահանայն ։ Ընկալ, Տէր, զաղաչանս մեր բարեխօսութեամբ սրբուհւոյ Աստուածածնին անարատ ծնողի միածնի Որդւոյ քո · և աղաչանօք ամենայն սրբոց քոց ։ Լուր մեզ Տէր, և ողորմեա . Ներեա քաւեա և թող զմեղս մեր ։ Արժանաւորեա գոհութեամբ փառաւորել զքեզ ընդ Որդւոյ և ընդ Սրբոյ Հոգւոյդ · այժմ և միշտ և յաւիտեանս յաւիտենից · ամէն ։

Եւ դառնալով առ ժողովուրդն · շարունակէ ասել ։

Խոստովանիմ առաջի Աստուծոյ և սրբուհւոյ Աստուածածնին. և առաջի ամենայն սրբոց · և առաջի ձեր Հայրք և եղբայրք · զամենայն մեղս զոր գործեալ իմ. քանզի մեղայ խորհրդով բանիւ և գործով · և ամենայն մեղք՝ զոր գործեն մարդիկ, մեղայ · մեղայ աղաչեմ զձեզ, խնդրեցէք վասն իմ յԱստուծոյ զթողութիւն ։

Պատասխանեսցեն որք մերձն են ։

Ողորմեսցի քեզ Աստուած հզօրն . և թողութիւն շնորհեսցէ ամենայն յանցանաց քոց · անցելոյն և այժմուս · և յառաջիկայէն փրկեսցէ և հաստատեսցէ

and all the saints, our intercessors with the Father in Heaven, that He will be pleased to have mercy, and, in his pity, to save alive his creatures. Almighty Lord God, save us, and have mercy on us.

The Priest. Receive, O Lord, our supplications through the intercession of the Holy Mother of God, the Immaculate Mother of Thine only begotten Son, and through the entreaties of all Thy saints. Hear us, O Lord, and have mercy [on us]; bear with us, put away our offences, and forgive us our sins, and make us worthy, with praises, to glorify Thee, with Thy Son, and the Holy Ghost; now and ever, world without end. Amen.

Then, turning towards the congregation, he says,

I confess before God, and the Holy Mother of God, and before all the Saints, and before you, father and brethren, all the sins I have committed. For I have sinned in thought, word, and deed, and with every sin committed by men; I have sinned, sinned, I pray ye, entreat God for me.

The bystanders [Clerks] shall answer,

Let God Almighty, have mercy on thee, and grant thee forgiveness of all thy trespasses, past and present; let Him deliver thee from those that are to come;

յամենայն գործս բարիս . և հանգուսցէ զքեզ 'ի հան-
գոյնս կենացն . ամէն :

Պատասխանի և ընդն :

Աղատեսցէ և զձեզ մարդասէրն Աստուած . և թողցէ զամենայն յանցանս ձեր . տացէ ժամանակ ապաշխարելոյ և գործելոյ զբարիս . ուղղեսցէ և զառաջակայ կենաս ձեր շնորհօք Սուրբ Հոգւոյն հզօրն և ողորմածն . և նմա փառք յաւիտեանս . ամէն :

Դպիրքն : Յիշեսջի՛ր և զմեզ առաջի անմահ գառին Աստուծոյ :

Ժողովուրդն : Յիշեալ լիջի՛ք առաջի անմահ գառին Աստուծոյ :

Դպիրքն . Սաղմոս . ղթ . ջոխ :

Աղաղակեցէ՛ք առ Տէր ամենայն երկիր . ծառա-յեցէ՛ք Տեառն ուրախութեամբ :

Մտէ՛ք առաջի նորա ցնծութեամբ . ծանիրուք զի նա է Տէր Աստուած մեր :

Նա արար զմեզ , և ոչ մեք էաք . մեք ժողովուրդ և խաշն արօտի նորա :

Մտէ՛ք ընդ դրունս նորա խոստովանութեամբ . և օրհնութեամբ 'ի յարկս նորա :

Խոստովան եղերո՛ւք Տեառն . և օրհնեցէ՛ք զանուն նորա :

Քաղցր է Տէր , յաւիտեան է ողորմութիւն նորա . յազգէ մինչև յազգ է ճշմարտութիւն նորա :

confirm thee in every good work, and give thee rest in life everlasting.   Amen.

To which the Priest replies:

Let God who loves men, set you also free, and forgive you your trespasses; give you time for repentance, and for the practice of good works; and be pleased to direct your future life, through the grace of the Holy Ghost, who is both mighty and pitiful; and unto whom be glory for ever.   Amen.

The Clerks. Remember us before the immortal Lamb of God.

The Priest. You shall be remembered in presence of the immortal Lamb of God.

The Clerks then say Psalm c. *in antiphon.*

Make a joyful noise unto the Lord, all ye lands: serve the Lord with gladness:

Come before His presence with singing : know ye that the Lord He is God.

It is He that hath made us, and not we ourselves; we are His people, and the sheep of His pasture.

Enter into His gates with thanksgiving, and into His courts with praise.

Give thanks unto Him, and bless His name.

For the Lord is good; His mercy endureth for ever; and His faithfulness unto all generations.

փառք Հօր և Որդւոյ և Հոգւոյն Սրբոյ :
Այժմ և միշտ և յաւիտեանս յաւիտենից . ամէն :

Սարկաւագն ժողովդէ : Սուրբ եկեղեցեաւս աղաչեսցուք զՏէր . զի սովաւ փրկեսցէ զմեզ 'ի մեղաց և կեցուսցէ շնորհիւ ողորմութեան իւրոյ . Ամենակալ Տէր Աստուած մեր . կեցո՛ և ողորմեա՛ :

Քահանայն : Ի մէջ տաճարիս և առաջի աստուածընկալ և պայծառացեալ սուրբ նշանացս և սուրբ տեղւոյս խոնարհեալ երկիւղիւ երկիրպագանեմք . սուրբ և զհրաշալի և յաղթող զտէրութիւնդ քո փառաւորեմք , և քեզ մատուցանեմք զօրհնութիւն և զփառս ընդ Հօր և ընդ Հոգւոյդ Սրբոյ . այժմ և միշտ և յաւիտեանս յաւիտենից . ամէն :

Քահանայն ասասցէ Սաղմոս . խբ . կցորդ . և ելցէ 'ի խորանն :

Մտից առաջի սեղանոյ Աստուծոյ առ Աստուած . որ ուրախ առնէ զմանկութիւն իմ :

Սարկաւագն : Դատ արա ինձ Աստուած . և իրաւ արա ինձ 'ի դատաստանի իմում :

Յազգէ , որ ոչ է սուրբ . 'ի մարդոյ մեղաւորէ նենգաւորէ փրկեա զիս :

Դու Աստուած հզօրիչ իմ ես . ընդէ՞ր մոռացար զիս . ընդէ՞ր տրտում գնամ ես 'ի նեղել թշնամւոյ իմոյ :

Glory be to the Father, and to the Son, and to the Holy Ghost.

Now and ever, world without end. Amen.

The Deacon, aloud. In the name of Holy Church do we pray the Lord, that through her He will save us from [our] sins, and keep us alive through the grace of His mercy. O our Lord God Almighty, save us alive, and have mercy [on us].

The Priest. In the midst of Thy temple [O Lord], and in presence of these bright and holy tokens acceptable unto God, and of this holy place, do we humble ourselves in fear and worship, and glorify Thy holy, wonderful, and supreme authority. And unto Thee do we offer blessing and glory with the Father, and the Holy Ghost, now and ever, world without end. Amen.

The Priest saying Psalm xliii. [*in antiphon*], *goes up to the Altar.*

I will go unto the Altar of God; even unto the God of the joy of my youth.

The Deacon. Judge me, O God, and plead my cause against an ungodly nation:

O deliver me from the deceitful and unjust man.

For thou art the God of my strength; why hast thou cast me off? Why go I mourning because of the opression of the enemy?

Առաքեա՛, Տէր, զլոյս քո և զճշմարտութիւն քո. զի առաջնորդեսցեն ինձ և հանցեն զիս 'ի լեառն սուրբ և 'ի յարկս քո :

Մտից առաջի սեղանոյ Աստուծոյ առ Աստուած. որ ուրախ առնէ զմանկութիւն իմ:

Խոստովան եղէց քեզ օրհնութեամբ. Աստուած Աստուած իմ:

Արդ՝ ընդէ՞ր տրտում՝ ես անձն իմ. կամ ընդէ՞ր խռովես 'զիս. յուսա՛ առ Աստուած, խոստովանեա՛ նմա. փրկիչ երեսաց իմոց Աստուած է:

Փառք Հօր և Որդւոյ և Հոգւոյն Սրբոյ.

Այժմ և միշտ և յաւիտեանս յաւիտենից. ամէն:

Սարկաւագն ասէ: Եւ ևս խաղաղութեան զՏէր աղաչեսցուք. Օրհնեսցուք զհայր Տեառն մերոյ Յիսուսի Քրիստոսի, որ արժանի արար զմեզ կալ 'ի տեղւոջս փառաբանութեան և երգել զերգս հոգևորս: Ամենակալ Տէր Աստուած մեր. կեցո՛ և ողորմեա՛:

Քահանայն: Ի յարկի սրբութեան և 'ի տեղւոջս փառաբանութեան. հրեշտակաց բնակարանիս և մարդկան քաւարանիս. առաջի Աստուածընկալ և պայծառացեալ սուրբ նշանացս և սուրբ տեղւոյս խոնարհեալ երկիրպագանեմք. զսուրբ և զհրաշալի և զյաղթող զտէրութիւնդ քո օրհնեմք և փառաւորեմք.

O send out Thy light and Thy truth; let them lead me: Let them bring me into Thy holy hill, and to Thy tabernacle.

Then will I go unto the altar of God, unto God who makes my youth joyful:

And upon the harp will I praise Thee, O God, my God.

Why art thou cast down, O my soul? And why art thou disquieted within me? Hope thou in God: for I shall yet praise him, who is the health of my countenance, and my God.

Glory be to the Father, and to to the Son, and to the Holy Ghost.

Now and ever, world without end. Amen.

The Deacon, aloud. Let us again pray to the Lord in peace; and bless the Father of our Lord Jesus Christ, who has counted us worthy to stand in the abode of praise, and to sing spiritual songs; Lord God Almighty, save us alive, and have mercy [on us].

The Priest. In this abode of holiness, and in the seat of praise, in this dwelling of angels, and of expiation for men, we fall down and, in awe, worship in presence of these glorious and divine tokens, and of the Holy Table, and we glorify Thy wonderful and sovereign Majesty. And unto Thee we give bless-

և քեզ ընդ նորին զօրսն մատուցանեմք զօրհնութիւն և զփառս ընդ Հօր և ընդ Հոգւոյդ Սրբոյ. այժմ՝ և միշտ և յաւիտեանս յաւիտենից. ամէն:

[Յետ այսր աղօթից, ծածկէ Սեղանն վարագուրաւ. և կայ մինչև ցաւարտ ընծայիցն դնելոյ: Իսկ եթէ Եպիսկոպոսն է. յայնժամ ծածկէ Սեղանն մինչև հետևեալ երկրպագ մեծ աղօթիցն:]

Եւ Դպիրքն երգեն զՇարականն ըստ պատշաճի աւուրն. կամ զշարականն խնկարկութեան:

Իսկ եթէ Եպիսկոպոս լինիցի խորհրդածուն. ածցէ ՚ի ձեռաց ըն-կոյն զպատուական եմիփորոնն. և մատուցեալ առ ընծայարան Սեղանոյն. և ՚ի ծունր անկեալ յորդահոս արտասուօք լաւ և անմռունչ ասասցէ զաղօթս առ Սուրբ Հոգին ՚ի Նարեկեանց գործոյն:

Գրիգորի Նարեկացւոյն:

Ամենակալ բարերար մարդասէր Աստուած բոլորից, յօրինօղ երևելեաց և աներևութից. փրկող և հաստատող, խնամօղ և խաղաղարար, Հօր հզօր Հոգի. Հայցեմք բազկատարած մաղթանաց գոչմամբ հեծութեան յանդիման եղեալ քեզ ահաւորիդ: Մատչիմք մեծաւ դողութեամբ սաստիկ երկիւղիւ մատուցանել նախ զբանական զայս պատարագ քում անզննին զօրութեանդ. իբր աթոռակցի փառակցի և արարչակցի Հայրենի անկապուտ պատուոյդ. քննօղի ծածկութեան խորոց խորհրդոց ամենակատար կամաց Հօրդ եմմանուէլի զքեզ առաքչի փրկչի և կենդանատուի և արարչի ամենեցուն: Ի ձեռն քո ծանուցաւ մեզ երրեակ անձնաւորութիւն միասնական Աստուածութեանդ.

ing and glory, with the Father and the Holy Ghost, now and ever, world without end. Amen.

[After these prayers the curtain is drawn, and remains so during the whole of the oblation. If the celebrant is a bishop, however, the curtain is drawn only after the two following great prayers].

Then the clerks sing the melody appointed for the day, or the hymn to be said at the censing.

If the celebrant is a bishop, he draws over his breast the venerable omophorion; he then draws nigh to the table of offering, and there, falling on his knees, he says, privately, and his eyes streaming with tears, the following prayers to the Holy Ghost, who is the Agent and Dispenser [Steward or Economist] of the work.

Prayer of S. Gregory of Nareg.

O Almighty, beneficent God of all things and lover of men, creator of things visible and invisible, Saviour and Preserver, Protector, and Giver of Peace, Mighty Spirit of the Father, we entreat Thee with open arms, with humble earnest prayer in Thine awful presence. We draw nigh in great fear and trembling, in order to offer this reasonable sacrifice; first to Thine unsearchable power, being, as Thou art, equal in throne, in glory, and in Creative energy, with the unchangeable Majesty of the Father; and Searcher as Thou art also of the hidden, deep counsels of the Almighty Father of Emmanuel, who sent Thee, He who is the Preserver, Verifier, and Creator of all

յորոց մի և դու ճանաչիս անհաս: Քև 'ի ձեռն քո առաջինքն նահապետական տոհմին շառաւիղք, տեսանողք անուանակոչեալք, զանցեալսն և զգալոցսն, զեղեալսն և զոչ գոյացեալսն անստուերաբար բարբառով բանի վերապատուեցին: Հոգի Աստուծոյ՝ քարոզեաց զքեզ Մովսէսի. որ 'ի գնալն քո 'ի վերայ ջուրցն, անպարագիր զօրութիւն, ահեղ շրջարկութեամբ տածողականաւ՝ թևապարփակ պաշտպանողորէն գթասիրեալ 'ի ծնունդս նորոգս, զաւազանին խորհուրդ ծանուցեր: Յոր կերպարան օրինակութեան՝ նախ քան զկառուցանել զլոյծդ մածուած վերջնում մարդուրիդ՝ յօրինեցեր կարող տիրապէս զբովանդակ բնութիւնս ամենից բնաւից բոլորից գոյից ամենայն էից յանէից: Քև ստեղծանին 'ի նորոգութիւն յարութեան ամենայն եղեալքս առ 'ի քէն. յայնմ ժամանակի, որ է օր վերջին այսմ կենցաղի, և օր առաջին երկրին կենդանեաց: Քեզ հնազանդեցաւ միութեամբ կամացն որպէս հօրն իւրում ազգակիցն քո, էակիցն հօր անդրանիկն որդի մերովս կերպիւ. զքեզ աւետարանեաց ճշմարիտ Աստուած հաւասար և համագոյ հօր իւր հզօրի. և զառ 'ի քեզ հայհոյութիւնն աներելի քարոզեաց, և իբր զԱստուածամարտիցն զքո հեստելոցն չարաբանական բերանս կարկեաց. և զիւրն շնորհեաց արդարն և անարատն դատիչն ամենայնի. որ վասն մեղաց մերոց մատնեցաւ, և յարեաւ վասն զմեզ արդարացուցանելոյ: Նմա

things. Through Thee was made known to us the threefold personality in one essence of the Godhead; of which Three Persons Thou art known as one incomprehensible. By Thee, and through Thee, did the first race of the patriarchal house, called Seers, declare aloud and clearly the things passed and to come. The Spirit of God announced Thee to Moses, even Thee, who, moving on the surface of the waters, as an energy which no one can restrain, and by Thy solemn going to and fro, while brooding over them, and under Thy sheltering wings fondly calling new beings into life, didst foreshadow the mystery wrought at Holy Baptism; who, after this pattern, and ere the vault of the firmament above was spread on high, like a veil, didst, as Absolute Ruler, create the Complete Natures of all things that are, from all things that were not. In Thy creating power shall all men by Thee be renewed at the Resurrection, at the last day of this existence, but the first of heavenly life. Thee also did the Father's First-born Son, Thy fellow, and of the same essence with the Father, in one likeness, obey with oneness of will, as He did His Father. He announced Thee as the true God, equal and of the same substance as His Mighty Father; He declared that blasphemy against Thee should never be forgiven, thus cutting short the railing accusations of Thine impious gainsayers, while He, the just

փառք 'ի ձեռն քո, և քեզ բարեբանութիւն ընդ Հօր ամենակալի, յաւիտեանս յաւիտենից. ամէն:

Դարձեալ երգեցեն 'ի նոյն կարգ ժամուն, մինչև վարագուրեն զխոր-
հայեցողութեան լուսոյ՝ հրաշալիս յայտնեալ ողջեալ. աւե-
տարանել զքերովբէն կրկին զխաղաղութեան:

Աղաչեմք և աղերսեմք արտասուալից հառաչմամբ յամենայն անձնէ զփառաւորեալ արարչութիւնդ. անեղծ և անստեղծ անժամանակ Որդւոյդ գթածի. որ բարեխօսդ ես վասն մեր յանմռունչ հեծութիւնս առ ողորմածդ Հայր. որ զսուրբսն պահես, և զմեղուցեալսն մաքրես և տաճարս կազմես կենդանի և կեցուցիչ կամաց բարձրեալդ Հօր: Արդ՝ ազատեա զմեզ յամենայն անմաքուր գործոց, որ ոչ է հաճոյ քումդ բնակութեան. և մի՛ շիջցին առ 'ի մէնջ լուսոյդ շնորհաց փայլմունք 'ի տեսականացս աչաց իմաստից, վասն զի զքեզ ուսաք միանալ 'ի ձեռն աղօթից և ընտիր վարուց խնկելոց: Եւ քանզի միոյդ Երրորդութեանդ պատարագի, և միւսդ ընդունիս՝ հաճեալ ընդ մեզ հաշտաբար արեամբ անդրանկի իւրոյ. իսկ դու ընկալցիս զմեր պաղատանս, և յարդարեսցես զմեզ օթևանս պատուականս ամենայն պատրաստութեամբ 'ի վայելումն ճաշակման երկնաւոր գառինդ, առանց պատժոց դատապարտութեան ընդունիլ զայս անմահացուցիչ

and innocent Creator of all, forgave His accusers; He who for our sins was betrayed to death, and rose again for our justification. Unto Him be glory through Thee, unto Thee praise, blessing, with the Father Almighty, for ever and ever. Amen.

The same kind of earnest supplication shall again be repeated, until firm confidence, through the contemplation of [heavenly light], become wonderfully revealed; signifying, and again boding, peace from above.

We entreat and beseech, with sighs and tears wrung from our innermost soul, Thy glorious and creative essence, neither brought into existence nor created, and not limited by time, O Merciful Spirit, who art our advocate with the Father of Mercies! in groanings that cannot be uttered; who keepest the spirits, and cleansest sinners, and makest them temples of the living and quickening will of the exalted Father. Set us now free from all unclean deeds that are not agreeable to Thine indwelling [with us]; so that the bright light of Thy gifts may not be quenched within us, from the contemplative eyes of our understanding; that we may possess Thee in us, united with us by prayer, and the incense of a godly life. And since one of the Most Holy Trinity is being offered, and another takes pleasure in us through the Blood of His First-born Son that reconciles us to Him—do Thou, O Holy Spirit, receive

մանանայս կենաց Նորոյ փրկութեան ։ Եւ հալեսցի 'ի հրոյս յայսմանէ՝ դայթակղութիւնս մեր . որպէս մարգարէին կենդանախարոյկ կայծակամբն 'ի ձեռն ունելեացն մատուցման . զի յամենայնի քոյդ քարոզեսցի գթութիւն, որպէս Որդւովդ Աստուծոյ Հօր քաղցրութիւն . որ զանառակ որդին մերձեցոյց 'ի հայրենի ժառանգութիւնն, և զպոռնիկսն յառաջեցոյց յերկնային արքայութիւնն արդարոցն երանութեան ։ Այո՛, այո՛, և ես մի եմ 'ի նոցանէ . և զիս ընկա՛լ ընդ նոսին իբր մարդասիրութեան կարօտեալ մեծի . շնորհօք քո ապրեալ, զարեամբ Քրիստոսի ստացեալս ։ Զի յայսմ՝ ամենայնի՝ յամենայնի ծանիցի քո Աստուածութիւնդ ընդ Հօր փառաւորեալ համապատուաբար 'ի մի կամս և 'ի մի իշխանութիւն գովութեան ։

Սարկաւագն յայտնեալ ։ Օրհնեա՛ Տէ՛ր ։

Եղիսկոպոսն 'ի յայտ ։ Զի քո է գթութիւն, և կարողութիւն, և մարդասիրութիւն, զօրութիւն և փառք յաւիտեանս յաւիտենից . ամէն ։

Ապա յարուցեալ գայ առ ընծայարան Սեղանոյն, առեալ մատուցանէ Նախասարկաւագն զնշխարն . զոր առեալ պատարագիչն դնէ 'ի մաղզմայն ատենի .

Յիշատակ Տեառն մերոյ Յիսուսի Քրիստոսի . Որ բազմեալ հանդչի յանարուեստ աթոռ . զմահ խաչի յանձն էառ վասն ազգի մարդկան . օրհնեցէ՛ք գովեցէ՛ք և բարձր արարէ՛ք զնա յաւիտեան ։

our supplications, and make us a fit habitation for Thee, through every worthy preparation for the delicious tasting of the Heavenly Lamb; and without risk of condemnation, meet to receive this manna of immortality, of the life of a new salvation [recovery]. And let this fire consume every cause of offence in us, like the live coal brought to the lips of the prophet, by the angel holding the tongs; so that in every way Thy mercy and pity may be proclaimed, as the Father's loving-kindness manifested through the Son; who received the prodigal son, and brought him into the fatherly inheritance, and directed impure sinners to the Heavenly Kingdom, the bliss of the righteous. Yea, yea, I also am one of them; receive me, therefore, with them, as requiring great love and pity, destitute as I am of Thy graces purchased for me by the Blood of Christ. That in all this Thy Godhead be made manifest unto all, glorified together with the Father, in like honour, with one will, and in one power of praise.

The Deacon, aloud. Bless, O Lord!

The Bishop, aloud. For thine is the pity, the power, the charity, the strength, and the glory, for ever and ever. Amen.

He then, rising, comes to the table of oblation, where the Proto-diacon brings the wafer, which the celebrant takes, and places upon the paten, saying,

Memorial of our Lord Jesus Christ, who sits resting on a throne not made with hands. He gave Himself up to the death upon the Cross, for mankind; ✠ Praise Him, and bless Him, and extol Him, for ever and ever.

Եւ արկանել զգինին, որ խառնեալ 'ի ջուրն ասէ.

Յաղագս յիշատակի փրկագործ տնօրէնութեան Տեառն Աստուծոյ և փրկչին մերոյ Յիսուսի Քրիստոսի. Որ 'ի կողաձոս արեան աղբերէն նորոգեցան արարածք և անմահացան. օրհնեցէք գովեցէք և բարձր արարէք զնա յաւիտեան ։

Եւ ասացեալ աղօթս 'ի ճաշոց Յովհաննու Ոսկեբերանին.

Տէր Աստուած մեր, որ զերկնաւոր հացդ զտէրն մեր Յիսուս Քրիստոս զկերակուրդ ամենայն աշխարհի՝ առաքեցեր փրկիչ և կեցուցիչ և բարերար, օրհնել և սրբել զմեզ. ինքնին դու Տէր, օրհնեա ✠ և այժմ զառաջադրութիւնս զայս. ընկա՛լ զսա յերկնային քո սեղանդ ։ Յիշեա որպէս բարերար և մարդասէր զմատուցողս և վասն որոց մատուցանի ։ Եւ զմեզ անդատապարտ պահեա՛ 'ի քահանայագործութիւն աստուածային խորհրդոց քոց ։ Զի սուրբ և փառաւոր է ամենապատիւ մեծվայելչութիւն փառացդ Հօր և Որդւոյ և Հոգւոյդ Սրբոյ. այժմ և միշտ և յաւիտեանս յաւիտենից. ամէն ։

Եւ փոխասացն ասեն. Սաղմոս. ՂԴ ։

Տէր թագաւորեաց վայելչութիւն զգեցաւ. զգեցաւ Տէր զօրութիւն ընդ մէջ իւր էած ։

Հաստատեաց զաշխարհ՝ զի մի՛ սասանեսցի. պատրաստ է աթոռ քո 'ի սկզբանէ յաւիտեանս դու ես ։

Then, taking the wine, he pours it cross-wise into the Chalice, saying,

In remembrance of the saving dispensation of our Lord and Saviour Jesus Christ, through the fountain of whose Blood, flowing from His side, His creatures have been renewed and made immortal. ✠ Bless Him, and praise Him, and extol Him, for ever and ever.

Then shall he say, privately, this prayer of St. John Chrysostom.

O Lord our God, who didst send into the world the heavenly bread, the food of the whole world, our Lord Jesus Christ, as a Saviour, Redeemer and Benefactor, to bless and to sanctify us; be pleased, O Lord, Thyself to bless now ✠ this our oblation. Receive it on Thy heavenly table. Remember, beneficent and loving as Thou art, both those who offer it to Thee, and those for whom it is offered. And keep us without rebuke in the priestly function of Thy holy mysteries. For holy and glorious is the great and most honourable majesty of Thy glory, of the Father, and of the Son, and of the Holy Ghost, now and for ever, world without end. Amen.

He then covers (the Chalice with a veil,) saying Psalm xciii.

The Lord reigneth; He is apparelled with majesty; The Lord is apparelled, He hath girded Himself with strength :

The world also is established, that it cannot be moved. Thy throne is established of old : Thou art from everlasting.

Ամբարձան գետք Տէր, և համբարձին գետք զձայնս իւրեանց. և յարիցեն գետք 'ի գնացս իւրեանց ։

Ի ձայնէ ջուրց բազմաց. սքանչելի եղեն զբօսանք ծովու :

Սքանչելի ես դու Տէր, 'ի բարձունս. վկայութեանց քոց մեք յոյժ հաւատացաք :

Տան քում վայելէ սրբութիւն Տէր, ընդ երկայն աւուրս :

Փառք Հօր և Որդւոյ և Հոգւոյն Սրբոյ. Այժմ և միշտ և յաւիտեանս յաւիտենից. ամէն :

Եւ խաչակնքեալ երիցս ասել.

Հոգին Սուրբ ✠ եկեսցէ 'ի քեզ, և զօրութիւն բարձրելոյն հովանի լիցի 'ի վերայ քո :

Եւ օրհնէ զխաչն ասելով.

Խունկ մատուցանեմ առաջի քո Քրիստոս. բուրումն հոգեւորական : Ընկալ 'ի սուրբ յերկնային և յիմանալի քո մատուցարանդ 'ի հոտ անուշից : Առաքեա առ մեզ փոխարէն զշնորհս և զպարգեւս Հոգւոյդ Սրբոյ. և քեզ մատուցանեմք զփառս ընդ Հօր և ընդ Հոգւոյդ Սրբոյ. այժմ և միշտ և յաւիտեանս յաւիտենից. ամէն :

Եւ ապա բանան զվարագոյրն. և Քահանայն խնկելով ելանէ 'ի մէջ եկեղեցւոյն՝ հանդերձ սարկաւագօքն. և ելեալ 'ի դուռն երիցս երկրպագելով ժողովրդեանն :

Շարական խնկարկութեան : Գկ.

Յայս յարկ նուիրանաց ուխտի Տեառն տաճարիս .

The floods have lifted up, O Lord, the floods have lifted up their voice; the floods lift up their waves,

Above the voices of many waters, the mighty breakers of the sea.

The Lord on high is mighty. Thy testimonies are very sure:

Holiness becometh Thine house, O Lord, for evermore.

Glory be to the Father, and to the Son, and to the Holy Ghost; now and ever, world without end. Amen.

He then thrice makes the sign of the Cross, saying,

Let the Holy Ghost ✠ come upon thee, and let the power of the Most High overshadow thee.

He then censes (the Credence Table), saying,

I offer Thee incense, O Christ, the sweet smell of a spiritual offering. Receive it as a sweet-smelling savour unto Thy heavenly and intellectual place of offering: Send upon us, in return, the graces and gifts of Thy Holy Spirit; for unto Thee do we ascribe glory, with the Father and with the Holy Ghost, for ever and ever. Amen.

Then the curtain is drawn aside, and the Priest, censing, descends into the middle of the church, together with the deacons, and, again ascending, thrice bows to the Altar.

Hymn of Censing. Hymn VI. tune.

In this shrine of devotional offerings in the Lord's

ժողովեալք աստանօր 'ի խորհուրդ պաշտման պաղատանաց առաջիկայ սուրբ պատարագիս. խնկօք անուշիւք խումբ առեալ պարեմք 'ի վերնայարկ սրահս խորանիս. ուղղութեամբ ընկա՛լ զաղօթս մեր որպէս բուրումն անուշահոտ խնկոց ստաշխից և կինամոնաց. և զմատուցողս պահեա՛ սրբութեամբ միշտ և հանապազ քեզ սպասաւորել. բարեխօսութեամբ մօր քո և կուսի. ընկա՛լ զաղաչանս քոց պաշտօնէից :

Որ գերագոյն քան զերկինս պայծառացուցեր սուրբ զեկեղեցի արեամբ քով Քրիստոս. և ըստ երկնայնոցն կարգեցեր 'ի սմա զդասս առաքելոց և մարգարէից սուրբ վարդապետաց. այսօր ժողովեալ դասք քահանայից սարկաւագաց դպրաց և կղերիկոսաց. խունկ մատուցանեմք առաջի քո Տէր յօրինակ ըստ հնումն Զաքարիայ, ընկա՛լ առ 'ի մէնջ զխնկանուէր մաղթանս, որպէս զպատարագն Աբելի զՆոյի և զԱբրահամու. բարեխօսութեամբ վերին քո զօրացդ, միշտ անշարժ պահեա՛ զաթոռ Հայկազնեայս :

Խնդա՛ յոյժ դուստր լուսոյ մայր սուրբ կաթուղիկէ մանկամբք քո Սիօն. զարդարեալ պճնեա՛ հարսն պանծալի երկնանման լուսաճեմ խորան. զի օծեալն Աստուած Բանն 'ի յԲանն անծախապէս 'ի քեզ միշտ պատարագի. Զօր 'ի հաշտութիւն մեզ 'ի քաւութիւն բաշխէ զմարմին և զարիւն իւր սուրբ. վասն իւր կատարման սուրբ տնօրէնութեան շնորհէ զթողութիւն կանդնողի տաճարիս :

temple, we who are assembled together for the mystery of worship and supplications before the Holy Mass, wave up aloft a mixture of sweet spices. Favourably receive our prayers as the savour of sweet-smelling incense, myrrh, and cinnamon. Keep firm in holiness, to serve Thee, now and ever, those who offer it to Thee; through the intercession of Thy Virgin Mother, accept the supplications of those who worship Thee.

O Christ, who with Thy Blood hast made Thy Church brighter than the heavens, and hast appointed within her, after the pattern of heavenly hosts, orders of Apostles, Prophets, and holy teachers, we priests, deacons, readers, and clergy here assembled, burn incense before Thee, as Zachariah did of old. Accept from us our prayers sent up to Thee as incense, like the sacrifice of Abel, of Noah, and of Abraham; and through the intercession of Thy heavenly hosts maintain ever firm the throne of Armenia.

Rejoice greatly, O Zion, daughter of light, Holy Mother of thy Catholic children, Fair Spouse, adorned as thou art, embellish this heaven-like sanctuary; for the Anointed God, Very God of very God, is ever offered in Thee, a sacrifice without fire, who dispenses His own Body and Blood, in reconciliation to the Father, and in remission of sins to us. Through His pure cleansing of our iniquity, grant forgiveness to the builder of this temple.

Զանապական կոյսն մարիամ Աստուածածին խոս-
տովանի սուրբ եկեղեցի. ուստի տուաւ հացն ան-
մահութեան և բաժակ մեզ ուրախարար. տուք
օրհնութիւն նմա հոգեւոր երգով:

Եւ նախասարկաւագն 'ի դէմ եկեղեցւոյ կալով ձայնեսցէ :

Օրհնեա՛ Տէր :

Եւ Քահանայն 'ի ձայն ասասցէ :

Օրհնեալ թագաւորութիւնն Հօր և Որդւոյ և Հոգւոյն Սրբոյ. այժմ՝ և միշտ և յաւիտեանս յաւիտենից. ամէն :

Եւ սկսանին Դպիրքն ժամամուտ ըստ պատշաճի աւուրն, կամ այս :

Միածին Որդի և Բանդ Աստուած և անմահ Էութիւն. որ յանձն առեր մարմնանալ 'ի սրբուհւոյ Աստուածածնէն և 'ի միշտ կուսէն. անփոփոխելիդ մարդ եղեալ խաչեցար Քրիստոս Աստուած մեր. մահուամբ զմահ կոխեցեր. մինդ 'ի Սրբոյ Երրորդութենէն՝ փառաւորակից ընդ Հօր և Սրբոյ Հոգւոյն՝ կեցո՛ զմեզ :

Ի Զատկին :

Քրիստոս յարեաւ 'ի մեռելոց. մահուամբ զմահ կոխեաց և յարութեամբն իւրով մեզ զկեանս պարգեւեաց. նմա փառք յաւիտեանս. ամէն :

Եւ յաւարտելն՝ ձայնեսցէ նախասարկաւագն :

Եւ ևս խաղաղութեան զՏէր աղաչեսցուք. ընկալ կեցո՛ և ողորմեա՛ :

Օրհնեա՛ Տէր :

One Holy Church confesses the pure Virgin Mary, Mother of God, for that she gave us the bread of immortality and the cup of rejoicing. We give her blessings in spiritual songs.

Then the Proto-diacon, standing in the middle of the church, calls aloud,

Bless, O Lord.

The Priest answers with a loud voice,

Blessed be the Kingdom of the Father, and of the Son, and of the Holy Ghost, now and ever, world without end. Amen.

Then the Clerks say the proper Introit for the feast, or the following one,

O only Begotten Son and Word God, Thou, who art an immortal Being, didst consent to be incarnate from the Holy Mother of God and ever Virgin. O Christ our God, who art immutable, who didst really become man, and wast crucified, who didst abolish death by Thy death; Thou, one of the Holy Trinity, who art glorified with the Father and the Holy Ghost, save us.

For Easter.

Christ is risen from the dead. By His death He overcame death, and by His resurrection He has granted us life; glory be to Him for ever. Amen.

When ended, the Proto-diacon says, aloud,

Let us again pray to the Lord in peace. Receive us, save us, and have mercy on us.

Bless, O Lord.

Եւ քահանայն ասասցէ :

Օրհնութիւն և փառք Հօր և Որդւոյ և Հոգւոյն Սրբոյ. այժմ և միշտ և յաւիտեանս յաւիտենից ամէն :

Խաղաղութիւն ✠ ամենեցուն :

Դպիրքն : Եւ ընդ հոգւոյդ քում :

Սարկաւագն : Աստուծոյ երկիրպագեսցուք :

Դպիրքն : Առաջի քո Տէր :

Եւ քահանայն ասասցէ 'ի ձայն :

Տէր Աստուած մեր, որոյ կարողութիւնդ անքնին է. և փառքդ անհասանելի: Որոյ ողորմութիւնդ անչափ է, և գթութիւնդ անբաւ : Դու ըստ առատ մարդասիրութեանդ քում, նայեաց 'ի ժողովուրդս քո՝ և 'ի տաճարս այս սուրբ : Եւ արա ընդ մեզ և ընդ աղօթակիցս մեր. առատապէս զողորմութիւն քո և զգթութիւն : Զի քեզ վայելէ փառք իշխանութիւն և պատիւ. այժմ և միշտ և յաւիտեանս յաւիտենից. ամէն :

Եւ աջակողմեան դասք Դպիրքն Սաղմոս և շարական բարձր աղաղակաձայն ասասցեն.
. ձայն այս.

Սաղմոս : Տէր Թագաւորեաց : Շարական. ԱՁ :

Զթագաւորն փառաց Քրիստոս. որ վասն մեր մարմնացաւ 'ի սրբոյ կուսէն և խաչի համբերելով. միաբանութեամբ երգով բարեբանեսցուք : Որ զթաղումն երեքօրեայ յանձն էառ յարուցեալ 'ի մեռելոց իշխանութեամբ. միաբանութեամբ երգով բարեբանեսցուք : Կարողապէս զդրունս դժոխոց խորտակ-

Then the Priest says,

Blessing and glory to the Father, to the Son, and to the Holy Ghost, now and ever, world without end. Amen.

Peace ✠ be to all.

The Clerks. And with thy Spirit.
The Deacon. Let us worship God.
The Clerks. In Thy presence, O Lord.

Then the Priest says, aloud,

O Lord our God, whose power is unsearchable, and whose glory is incomprehensible; whose mercy is infinite, and whose clemency is unspeakable; in great compassion look down upon Thy congregation, and upon this holy temple; and abundantly show Thy mercy and pity on us, and on those who pray with us. For unto Thee belong glory, dominion, and honour, now and ever, world without end. Amen.

Then the Clerks begin the Psalm and Hymn appointed for the day, or the following one.

Psalm. *The Lord reigneth.* Hymn I. tune.

Let us praise, with a unanimous song, Christ the King of glory, who for our sake was incarnate of the Virgin, and suffered upon the Cross.

Let us praise, with a unanimous song, Him who consented to be in the grave for three days, and rose from death in power.

նաց . եկեղեցւոյ իւրում զգեցոյց զմեծվայելչութիւն . միաբանութեամբ երգով բարեբանեսցուք :

Ի Զատկին :

Յարեաւ Քրիստոս 'ի մեռելոց, ալէլուիա :
Եկայք ժողովուրդք, երգեցէք Տեառն. ալէլուիա :
Յարուցելոյն 'ի մեռելոց . ալէլուիա .
Որ զաշխարհս լուսաւորեաց . ալէլուիա :

Եւ մինչ նոքա երգեն . քահանայն ասասցէ զաղօթս 'ի ծածուկ :

Տէր Աստուած մեր կեցո զժողովուրդս քո . և օրհնեա զժառանգութիւնս քո . զլրումն եկեղեցւոյ քո պահեա : Սրբեա զսոսա որք ողջունեցին սիրով զվայելչութիւն տան քո : Դու զմեզ փառաւորեա Աստուածային զօրութեամբ քով . և մի թողուր զյուսացեալս 'ի քեզ : Զի քո է կարողութիւն և զօրութիւն և փառք յաւիտեանս . ամէն :

Խաղաղութիւն ամենեցուն :

Որ հասարակաց զայս և միաձայն մեզ ամենեցուն՝ ուսուցեր աղօթել . և զերկուց և զերից միանձնացելոց յանուն քո զխնդրուածս պարգևել խոստացար . Դու և այժմ՝ զծառայից քոց զխնդրուածս առ 'ի յօգուտն կատարեա : Շնորհելով մեզ յայսմ՝ յաւիտեննիս զգիտութիւն քում ճշմարտութեան : Եւ 'ի հանդերձեալն զկեանսն յաւիտենականս պարգևելով : Զի բարերար և մարդասէր ես Աստուած . և քեզ վայելէ

Let us praise, with a unanimous song, Him who powerfully bursted the doors of hell, and has clothed His Church with Divine Majesty.

For Easter.

Christ is risen from the dead. Alleluia.
Come, O ye people, sing to the Lord. Alleluia.
To Him, who is risen from the dead. Alleluia.
To Him, who has given light to the world. Alleluia.

While they sing, the Priest says, privately, this prayer.

O Lord our God, save alive Thy congregation, and bless Thine inheritance; keep whole the fulness of Thy Church; sanctify those who in love visit the beauty of Thy house; do Thou glorify us, O Lord, by Thy divine power, and forsake not those who put their trust in Thee. For thine is the power, the dominion, and the glory, for ever and ever. Amen.

Peace be to all.

O Thou who didst teach us to pray both in common as we do now, and in secret, and who didst promise to grant the supplications of two or three gathered together in Thy name: Do Thou now fulfil the requests of Thy servants according to their wants; granting us in this world the knowledge of Thy truth, and in the world to come life everlasting. For Thou, O God, art beneficent and loving; and unto

փառք իշխանութիւն և պատիւ. այժմ և միշտ և յաւիտեանս յաւիտենից. ամէն :

Եւ 'ի ձեռս առեալ Դպրաց. երկրպագեսցեն առաջի Բեմին ամենեքեան :
Եւ Քահանայն [բազկաց խաչակնքէ և ասէ] երկրպագելով Սեղանոյն ասասցէ զաղօթս 'ի ծածուկ :

Տէր Աստուած մեր՝ որ կարգեցեր յերկինս զդասս և զզօրս հրեշտակաց և հրեշտակապետաց 'ի սպասաւորութիւն փառաց քոց : Արա այժմ ընդ մուտս մեր մտանել և սրբոց հրեշտակաց. և լինել պաշտօնակից մեզ և փառաբանակից քում բարերարութեանդ :

Սարկաւագն յայտնեսցէ : Օրհնեա Տէր :

Քահանայն ասասցէ 'ի ձայն : Զի քո է կարողութիւն, և զօրութիւն, և փառք յաւիտեանս. ամէն :

Եւ համբուրեսցէ զՍեղանն. և Սարկաւագունքն դարձցեն :

Պրօսխումէ :

Եւ Սարկաւագս 'ի ձեռն բարձրացուցանէ զԱւետարանն ասէ :
Եւ Դպիրքն ըստ խորհրդոյ աւուրն երգեն զերեքսրբեանն :

Յաւուր Աւետեաց. Ծննդեան և Թլփատութեան :

Սուրբ Աստուած. Սուրբ և հզօր. Սուրբ և Անմահ. որ յայտնեցար վասն մեր. ողորմեա մեզ : [Երիցս կրկնեա'] :

Քառասնորդաց գալստեանն Քրիստոսի և Ծաղկազարդին :

Սուրբ Աստուած. որ եկիր և գալոց ես. ողորմեա մեզ :

Զատկի և ամենայն յարութեան կիւրակէից :

Սուրբ Աստուած. որ յարեար 'ի մեռելոց. ողորմեա մեզ :

Thee belong glory, dominion, and honour, now and ever. Amen.

Then, while the Clerks give glory, they all bow before the Sanctuary, and the Priest (turning, makes the sign of the Cross, towards the congregation, and) bowing to the Holy Table, says the following prayers privately.

O Lord God, who hast established in the heavens the orders and the legions of Angels and of Archangels to wait upon Thy glorious Majesty, grant that now Thy holy angels may come among us, and minister with us, and with us also praise Thy goodness.

The Deacon, aloud. Bless, O Lord.

The Priest, aloud. For thine is the power, the dominion, and the glory, for ever and ever. Amen.

Then they kiss the Holy Table, and the deacons cry aloud

Proschume (*let us attend*).

Then one of the Deacons raises up the Holy Gospel, and the Clerks meanwhile sing the proper Trisagion for the feast.

On the days of the Annunciation, Nativity, and Circumcision.

Holy God, Holy and Mighty, Holy and Immortal. Who wast manifested for us, have mercy upon us. [Thrice repeated].

On the Purification, and Palm-Sunday.

Holy God ..... Who didst come and art to come, have mercy upon us.

On Easter, and on other Sundays.

Holy God ...... Who didst rise from death, have mercy upon us.

Համբարձման Քրիստոսի :

Սուրբ Աստուած . որ համբարձար փառօք առ Հայր . ողորմեա՛ մեզ :

Հոգւոյ գալստեանն :

Սուրբ Աստուած . որ եկիր և հանգեար յառաքեալսն . ողորմեա՛ մեզ :

Պայծառակերպութեանն Քրիստոսի :

Սուրբ Աստուած . որ յայտնեցար 'ի Թաբօր լերինն . ողորմեա՛ մեզ :

Վերափոխման սուրբ Աստուածածնի :

Սուրբ Աստուած . որ եկիր 'ի փոխումն մօր քոյ և կուսի . ողորմեա՛ մեզ :

Խաչի .

Սուրբ Աստուած . որ խաչեցար վասն մեր . ողորմեա՛ մեզ :

Եւ քահանայն զայս երեքսրբեանն ասասցէ . 'ի ձայն :

Աստուած սուրբ , որ 'ի սուրբս հանգուցեալ ես , և երեքսրբեան ձայնիւ Սերովբէք գովեն զքեզ . և Քերովբէք փառաբանեն . և ամենայն երկնային զօրութիւնք՝ քեզ երկիրպագանեն : Որ 'ի չգոյէ 'ի գոյ ածեր զամենայն արարածս . որ արարեր զմարդն ըստ պատկերի քում՝ և նմանութեան . և ամենայն շնորհիւ քով զնա զարդարեցեր . և ուսուցեր խնդրել զիմաստութիւն և զգօնութիւն : Եւ ոչ անտես արարեր զմեղուցեալն , այլ եդեր 'ի վերայ նորա ապաշխարութիւն փրկութեան : Որ արժանի

On Ascension.

Holy God ...... Who didst ascend to the Father with glory, have mercy upon us.

On Pentecost.

Holy God ...... Who didst come and rest on the Apostles, have mercy upon us.

On the Transfiguration.

Holy God ...... Who didst appear on the mountain of Tabor, have mercy upon us.

On the Assumption of the Mother of God.

Holy God ...... Who didst come to transfer Thy Mother and Virgin, have mercy upon us.

On the Holy Cross.

Holy God ...... Who wast crucified for us, have mercy upon us.

Then the Priest shall at the same time say this prayer privately.

O Thou Holy God, who dwellest among the Saints, whom Seraphim praise, whom Cherubim extol in glory, and before whom all the hosts of heaven fall down in worship; Thou who didst bring all creatures into being out of that which did not exist; who didst make man after Thine own image and similitude, and didst adorn him with Thy manifold gifts, and didst teach him to seek wisdom and good understanding; Thou who didst not think scorn of sinners, but who didst place within reach of them

արարեր զմեզ զնուաստացեալ և զանարժան ծառայս քո 'ի ժամուս յայսմիկ, կալ առաջի փառաց սրբութեան սեղանոյ քո : Եւ զօրհնաւոր երկրպագութիւն և զփառաբանութիւն մատուցանել քեզ : Դու Տէ՛ր, ընկա՛լ 'ի բերանոյ մեղաւորացս զերեքսրբեան օրհնութիւնս . և պահեա՛ զմեզ քոյին քաղցրութեամբդ. Թո՛ղ մեզ զամենայն յանցանս մեր զկամայ և զակամայ : Սրբեա՛ զհոգի՝ զմիտ՝ և զմարմինս մեր . և շնորհեա՛ 'ի սրբութեան պաշտել զքեզ զամենայն աւուրս կենաց մերոց : Բարեխօսութեամբ սրբուհւոյ Աստուածածնին և ամենայն սրբոց քոց, որք յաւիտենից քեզ բարեհաճոյացան : Զի սուրբ ես Տէր Աստուած մեր . և քեզ վայել է փառք իշխանութիւն և պատիւ . այժմ և միշտ և յաւիտեանս յաւիտենից . ամէն :

Իսկ 'ի խորանէն երեւեցուցանողն և ազդեցն . Սարկաւագն քարոզէ .

Եւ ևս խաղաղութեան զՏէր աղաչեսցուք :

Դպիրքն : Տէ՛ր ողորմեա՛ :

Սարկաւագն : Վասն խաղաղութեան ամենայն աշխարհի . և հաստատութեան սրբոյ եկեղեցւոյ . զՏէր աղաչեսցուք :

Դպիրքն : Տէ՛ր ողորմեա՛ :

Սարկաւագն : Վասն ամենայն սուրբ և ուղղափառ եպիսկոպոսաց . զՏէր աղաչեսցուք :

Դպիրքն : Տէ՛ր ողորմեա՛ :

repentance unto salvation : Thou hast made us, Thy humble, unworthy servants, worthy at this hour to stand in presence of the glorious holiness of Thy table, there to offer unto Thee legitimate worship and praise. Therefore, O Lord, do Thou accept from the lips of us sinners, the blessing of the Trisagion, and keep us by Thy loving mercy. Forgive us all our trespasses, whether committed with the will or without it; purify our souls, our minds, and our bodies; and vouchsafe unto us to serve Thee in holiness all the days of our life, through the intercession of the Holy Mother of God, and of all Thy saints, who have pleased Thee unto all eternity. For Thou art holy, O Lord our God, and unto Thee belong glory, dominion, and honour, now and ever, world without end. Amen.

When the Trisagion and this prayer are ended, the deacon then proclaims, aloud,

Let us again pray to the Lord in peace.

The Clerks. Lord have mercy upon us.

The Deacon. For the peace of the whole world, and for the establishment of our holy Church, let us beseech to the Lord.

The Clerks. Lord have mercy upon us.

The Deacon. For all the holy and orthodox bishops, let us beseech to the Lord.

The Clerks. Lord have mercy upon us.

Սարկաւագն: Վասն Հայրապետին մերոյ Տեառն [այս անուն] կենաց և փրկութեան հոգւոյ նորին. զՏէր աղաչեսցուք:

Դպիրքն: Տէր ողորմեա:

Սարկաւագն: Վասն վարդապետաց, քահանայից, սարկաւագաց, դպրաց. և ամենայն ուխտի մանկանց եկեղեցւոյ. զՏէր աղաչեսցուք:

Դպիրքն: Տէր ողորմեա:

Սարկաւագն: Վասն բարեպաշտ թագաւորաց և Աստուածասէր իշխանաց. զօրավարաց և զօրաց նոցին. զՏէր աղաչեսցուք:

Դպիրքն: Տէր ողորմեա:

Սարկաւագն: Վասն հոգւոցն հանգուցելոց. որք ճշմարիտ և ուղիղ հաւատով 'ի Քրիստոս ննջեցին. զՏէր աղաչեսցուք:

Դպիրքն: Յիշեա Տէր և ողորմեա:

Սարկաւագն: Եւ ևս միաբան վասն ճշմարիտ և սուրբ հաւատոյս մերոյ. զՏէր աղաչեսցուք:

Դպիրքն: Տէր ողորմեա:

Սարկաւագն: Զանձինս մեր և զմիմեանս Տեառն Աստուծոյ ամենակալին յանձն արասցուք:

Դպիրքն: Քեզ Տեառնդ յանձն եղիցուք:

Սարկաւագն: Ողորմեա մեզ Տէր Աստուած մեր. ըստ մեծի ողորմութեան քում. ասասցուք ամենեքեան միաբանութեամբ:

The Deacon. Let us beseech the Lord, for the long life of our Venerable Patriarch Lord [N.], and for the salvation of his soul.

The Clerks. Lord have mercy upon us.

The Deacon. Let us beseech the Lord for the Vartabeds, priests, deacons, clerks, and for every rank of the Church's children.

The Clerks. Lord have mercy upon us.

The Deacon. Let us beseech the Lord for religious kings and God-loving princes, for their generals and their armies.

The Clerks. Lord have mercy upon us.

The Deacon. Let us beseech the Lord for the souls of those who rest in death, who are fallen asleep in Christ in the true and orthodox faith.

The Clerks. Lord remember them, and have mercy upon us.

The Deacon. Let us beseech the Lord also for the unity of our true and holy faith.

The Clerks. Lord have mercy upon us.

The Deacon. Let us commit our own selves and one another unto the Lord.

The Clerks. Unto Thee, O Lord, do we commit ourselves.

The Deacon. Have mercy upon us, O Lord our God, according to Thy great mercy. Let us say so together with one accord.

Դպիրքն : Տէր ողորմեա . Տէր ողորմեա . Տէր ողորմեա :

Եւ Քահանայն ծնրադրեալ ասասցէ զաղօթս ՚ի ծածուկ :

Տէր Աստուած մեր՝ զբազմապատարած զաղաչանս ծառայից քոց վերընկալցիս և ողորմեսցիս ըստ մեծի ողորմութեան քում : Զգթութիւն քո առաքեա ՚ի վերայ մեր և ամենայն ժողովրդեանս՝ որք ակն ունին առ ՚ի քէն առատ ողորմութեանդ :

Սարկաւագն յայնեացէ : Օրհնեա Տէր :

Քահանայն : Զի ողորմած և մարդասէր ես Աստուած կոլով և քեզ վայելէ փառք իշխանութիւն և պատիւ . այժմ և միշտ և յաւիտեանս յաւիտենից . ամէն :

Եւ ասասցեն Դպիրքն Սաղմոս ըստ եղանակի աւուրն . և ընթերցցին զԳիրս Մարգարէականս և Առաքելականս : Եւ զկնի ալէ-լուիա . ըստ յարմարելոյ ընթերցուածոյն . և յաւուրս Տօնին .

Սարկաւագն յայնեացէ : Օրթի :

Քահանայն բարձր և խաչակնքեալ ՚ի վերայ ժողովրդեանն ասելով .

Խաղաղութիւն ամենեցուն :

Դպիրն : Եւ ընդ հոգւոյդ քում :

Սարկաւագն : Երկիւղածութեամբ լուարուք :

Սարկաւագն : Արբոյ Աւետարանիս Յիսուսի Քրիստոսի որ ըստ՞ :

Դպիրքն : Փառք քեզ Տէր Աստուած մեր :

Սարկաւագն : Պրոսխումէ :

Դպիրքն : Ասէ Աստուած :

The Clerks. Lord have mercy upon us. [Three times.]

Meanwhile the Priest says this prayer, privately, with open arms.

O Lord our God, accept and pity the supplications of Thy servants, according to Thy great mercy. Have compassion on us, and on all the congregations that have an eye unto Thee, send down Thine abundant mercy.

The Deacon, aloud. Bless, O Lord.

The Priest. For Thou art merciful, and Thou lovest men, God as Thou art; and unto Thee belong glory, dominion, and honour, now and ever, world without end. Amen.

Then the Clerks begin to sing the Psalm appointed for the day. Then are read the books of the Prophets, and of the Apostles, and, after, the Alleluia, according to the direction for it in the lesson, and at the end of it all,

The Deacon proclaims. Orthi (stand up).

Then the Priest turns towards the people and makes the sign of the Cross over the congregation, saying,

Peace ✠ be to all.

The Clerks. And with Thy Spirit.

The Deacon. Let us hearken with fear.

The Deacon. The Holy Gospel of Jesus Christ, according to N. N.

The Clerks. Glory be to Thee O Lord our God.

The Deacon. Proschume (let us attend).

The Clerks. God speaks.

Ե- Աշխատեն ընհեղդ Ալեթականն սուբէ. և յաբգմանն ասացեն մեներան.

փառք քեզ Տէր Աստուած մեր:

Եւ ապա ասեն զնելեյան բանաւորեանն ի լոն.

Հաւատամք 'ի մի Աստուած Հայր ամենակալ, յարարիչն երկնի և երկրի, երևելեաց և աներևութից։ Եւ 'ի մի Տէր Յիսուս Քրիստոս յՈրդին Աստուծոյ, ծնեալն յԱստուծոյ Հօրէ միածին. այսինքն յէութենէ Հօր։ Աստուած յԱստուծոյ՝ լոյս 'ի լուսոյ՝ Աստուած ճշմարիտ՝ յԱստուծոյ ճշմարտէ ծնունդ և ոչ արարած։ Նոյն ինքն 'ի բնութենէ Հօր որով ամենայն ինչ եղև յերկինս և 'ի վերայ երկրի, երևելիք և աներևոյթք։ Որ յաղագս մեր մարդկան և վասն մերոյ փրկութեան իջեալ 'ի յերկնից՝ մարմնացաւ մարդացաւ ծնաւ կատարելապէս 'ի Մարիամայ սրբոյ կուսէն Հոգւովն Սրբով։ Որով էառ մարմին Հոգի և միտ. և զամենայն որ ինչ է 'ի մարդ, ճշմարտապէս և ոչ կարծեօք։ Չարչարեալ խաչեալ թաղեալ, յերրորդ աւուր յարուցեալ. ելեալ 'ի յերկինս նովին մարմնովն. նստաւ ընդ աջմէ Հօր։ Գալոց է նովին մարմնովն և փառօք Հօր, 'ի դատել զկենդանիս և զմեռեալս։ Որոյ թագաւորութեանն ոչ գոյ վախճան։

Հաւատամք և 'ի Սուրբ Հոգին յանեղն և 'ի կատարեալն։ Որ խօսեցաւ յօրէնս և 'ի մարգարէս

Then the Deacon shall read the Holy Gospel, at the end of which all shall say,

Glory be to Thee O Lord our God.

Then shall the Nicene Creed be said in full.

We believe in one God, the Father Almighty, maker of Heaven and earth, of things visible and invisible. And in one Lord Jesus Christ, the Son of God [born or] begotten of God the Father, that is, only Son of the essence of the Father. God of God, Light of Light, true [very] God of true God; [a thing begotten or] an offspring and not a thing made. Himself of the nature of the Father, by whom all things came into existence in heaven and upon earth, both visible and invisible. Who, for us men, and for our salvation, having come down from heaven, was made flesh [or was made body], was made man, was born perfectly of the Holy Virgin Mary by the Holy Ghost. Of whom He took body, soul [spirit], and mind, and everything that is in man, truly and not having semblance. [After having] suffered, [and being] crucified, buried, the third day risen again, [and] gone up into heaven in the same body, sat down at the right hand of the Father. [He] is to come in the same body and in the glory of the Father, to judge the quick and the dead; to whose kingdom there is no end.

We also believe in the Holy Ghost, uncreated and perfect, who spake in the Law, and in the Prophets,

և յԱւետարանս ։ Որ էջն ՚ի Յորդանան քարոզեաց զառաքեալն և բնակեցաւ ՚ի սուրբսն ։

Հաւատամք և ՚ի մի միայն ընդհանրական և առաքելական եկեղեցի ։ Ի մի մկրտութիւն, յապաշխարութիւն, ՚ի քաւութիւն և ՚ի թողութիւն մեղաց ։ Ի յարութիւն մեռելոց ։ Ի դատաստանն յաւիտենից ։ Հոգւոց և մարմնոց յարքայութիւնն երկնից. և ՚ի կեանսն յաւիտենականս ։

Իսկ որք ասէնն. էր երբեմն, յորժամ ոչէր Որդին. կամ՝ էր երբեմն, յորժամ ոչ էր Սուրբ Հոգին. կամ թէ յոչէից եղեն. կամ յայլմէ էութենէ ասեն լինել զՈրդին Աստուծոյ և կամ զՍուրբ Հոգին. և թէ փոփոխելիք են կամ այլայլելիք. զայնպիսիսն նզովէ կաթուղիկէ և առաքելական սուրբ եկեղեցի ։

Սարկաւագն ձայնեսցէ ։ Օրհնեա Տէր ։

Քահանայն ասասցէ [ի Լուսաւորչէն մեր Դ ասացեալ ։]

Իսկ մեք փառաւորեսցուք որ յառաջ քան զյաւիտեանս երկիրպագանելով սրբոյ Երրորդութեանն և միոյ Աստուածութեանն Հօր և Որդւոյ և Հոգւոյն Սրբոյ. այժմ և միշտ և յաւիտեանս յաւիտենից. ամէն ։

Սարկաւագն բարձր ՚ի ձայն ։

Եւ ևս խաղաղութեան զՏէր աղաչեսցուք ։
Դպիրքն ։ Տէր ողորմեա ։
Սարկաւագն ։ Եւ ևս հաւատով աղաչեսցուք և

and in the Gospels. Who came down upon the Jordan, preached [or proclaimed] the Apostle, [or the One sent, Shiloh, Christ]; and dwelt in the Saints.

We also believe in one Universal and Apostolic Church; in one Baptism, in repentance, in the expiation and forgiveness of sins; in the resurrection of the dead; in the everlasting judgment [sentence, or condemnation] of souls and bodies in the kingdom of heaven; and in the life everlasting.

But those who say there was [a time] when the Son was not; or that there was [a time] when there was no Holy Ghost; or that they came into being of things that were not; or who say that the Son of God and the Holy Ghost be of different natures, and that they be changeable and alterable, such does the Holy Catholic and Apostolic Church anathematize.

The Deacon, aloud. Bless, O Lord.

The Priest says (added by St. Gregory, the Illuminator),

But we will glorify Him who was before the worlds, by worshipping the Holy Trinity and one Godhead of the Father, and of the Son, and of the Holy Ghost; now and ever, world without end. Amen.

The Deacon proclaims, aloud,

Let us again pray to the Lord in peace.
The Clerks. Lord have mercy upon us.
The Deacon. Let us again pray in faith, and

խնդրեսցուք 'ի Տեառնէ Աստուծոյ և 'ի փրկչէն մերմէ Յիսուսէ Քրիստոսէ 'ի ժամուս պաշտաման և աղօթից: Զի արժանի ընդունելութեան արասցէ լուիցէ Տէր ձայնի աղաչանաց մերոց: Ընկալցի զխնդրուածս սրտից մերոց. թողցէ զյանցանս մեր ողորմեսցի 'ի վերայ մեր: Աղօթք մեր և խնդրուածք յամենայն ժամ. մտցեն առաջի մեծի Տէրութեան նորա: Եւ նա տացէ մեզ միաբան միով հաւատով արդարութեան վաստակել 'ի գործս բարիս: Զի ողորմութեան զշնորհսն իւր արասցէ 'ի վերայ մեր. Տէրն ամենակալ. կեցուսցէ և ողորմեսցի:

Դպիրքն: Կեցո՛ Տէր:

Սարկաւագն: Զժամ սուրբ պատարագիս և զառաջիկայ օրս խաղաղութեամբ անցուցանել հաւատով 'ի Տեառնէ խնդրեսցուք:

Դպիրքն: Շնորհեա՛ Տէր:

Սարկաւագն: Զհրեշտակ խաղաղութեան պահապան անձանց մերոց. 'ի Տեառնէ խնդրեսցուք:

Դպիրքն: Շնորհեա՛ Տէր:

Սարկաւագն: Զքաւութիւն և զթողութիւն յանցանաց մերոց. 'ի Տեառնէ խնդրեսցուք:

Դպիրքն: Շնորհեա՛ Տէր:

Սարկաւագն: Զսրբոյ խաչին մեծ և կարող զօրութիւնն յօգնութիւն անձանց մերոց. 'ի Տեառնէ խնդրեսցուք:

Դպիրքն: Շնորհեա՛ Տէր:

request of the Lord God, and of our Saviour Jesus Christ, at this hour of service and of prayer, that He will make us worthy of being accepted of Him [or of receiving this Holy Sacrament] that He will hearken to the voice of our supplications; that He will receive the requests of our hearts, forgive our trespasses, and have mercy upon us. Let our prayers and requests at all times enter into the presence of His great Majesty, and let Him give us the one united faith, to set to the doing of good works in righteousness; that the Lord Almighty may shed abroad on us the gifts of His mercy, and keep us alive and show us pity.

The Clerks. Keep us alive, O Lord.

The Deacon. Let us ask in faith of the Lord, that we may pass in peace this hour of the oblation, and the day now before us.

The Clerks. Grant it, O Lord.

The Deacon. Let us ask of the Lord an angel of peace to guard our persons.

The Clerks. Grant it, O Lord.

The Deacon. Let us ask of the Lord the expiation and forgiveness of our sins.

The Clerks. Grant it, O Lord.

The Deacon. Let us ask of the Lord the great, powerful strength of the Holy Cross for the help of our persons.

The Clerks. Grant it, O Lord.

Սարկաւագն ։ Եւ ևս միաբան վասն ճշմարիտ և սուրբ հաւատոյս մերոյ զՏէր աղաչեսցուք ։

Դպիրքն ։ Տէր ողորմեա ։

Սարկաւագն ։ Զանձինս մեր և զմիմեանս Տեառն Աստուծոյ ամենակալին յանձն արասցուք ։

Դպիրքն ։ Քեզ Տեառնդ յանձն եղիցուք ։

Սարկաւագն ։ Ողորմեա՛ց մեզ Տէր Աստուած մեր՝ ըստ մեծի ողորմութեան քում․ ասասցուք ամենեքեան միաբանութեամբ ։

Դպիրքն ։ Տէր ողորմեա․ Տէր ողորմեա․ Տէր ողորմեա ․

Մինչ նոքա երգեն․ Քահանայն ասասցէ զաղօթս ՚ի ծածուկ ։

Տէր մեր և փրկիչ Յիսուս Քրիստոս որ մեծդ ես ողորմութեամբ, և առատ պարգևօք բարերարութեան քո ։ Որ դու քոյին կամաւդ ՚ի ժամուս յայսմիկ համբերեցեր չարչարանաց խաչի և մահու յաղագս մեղաց մերոց ։ Եւ պարգևեցեր առատապէս զպարգևս Հոգւոյդ Սրբոյ երանելի առաքելոցն ։ Հաղորդս արա և զմեզ Տէր աղաչեմք զքեզ Աստուածային պարգևացդ․ թողութեան մեղաց և ընդունելութեան Հոգւոյդ Սրբոյ ։

Սարկաւագն ձայնեսցէ ։ Օրհնեա՛ Տէր ։

Քահանայն ։ Որպէս զի արժանաւորք եղիցուք գոհութեամբ փառաւորել զքեզ ընդ Հօր և Սուրբ Հոգւոյդ․ այժմ և միշտ և յաւիտեանս յաւիտենից․ ամէն ։

Խաղաղութիւն ✠ ամենեցուն ։

The Deacon. Let us entreat the Lord in behalf of the unity of our holy and true faith.

The Clerks. Lord have mercy upon us.

The Deacon. Let us commit our own selves, and one another unto the Lord.

The Clerks. Lord, unto Thee let us be committed.

The Deacon. Have mercy upon us, O Lord our God. According to Thy great mercy. Let us all say together, with one accord,

The Clerks. Lord have mercy upon us (Three times).

While they sing the Antiphon, the Priest shall say this prayer, privately.

O, our Lord and Saviour Jesus Christ, who art great in mercy, and abundant in gifts of Thy bounty; Thou, who at this hour of Thine own free will didst endure the sufferings of the Cross and of death on account of our sins, and didst abundantly bestow the gifts of Thy Holy Spirit on the blessed Apostles, make us, also, O Lord, we beseech Thee, partakers of Thy divine gifts, of the forgiveness of our sins, and of the gift of the Holy Ghost.

The Deacon, aloud. Bless, O Lord.

The Priest. That we may be made worthy to praise and glorify Thee with the Father and the Holy Ghost, now and ever, world without end. Amen.

Peace ✠ be to all.

Դպիրն ։ Եւ ընդ հոգւոյդ քում ։

Սարկաւագն ։ Աստուծոյ երկիրպագեսցուք ։

Դպիրն ։ Առաջի քո Տէր ։

Քահանայն 'ի ձայն ։ Խաղաղութեամբ քով Քրիստոս փրկիչ մեր՝ որ 'ի վեր է քան զամենայն միտս և զբանս ։ Ամրացո զմեզ և աներկիւղ պահեա յամենայն չարէ ․ հաւասարեա զմեզ ընդ ճշմարիտ երկրպագուս քո՝ որք հոգւով և ճշմարտութեամբ քեզ երկիրպագանեն ։ Զի սուրբ Երրորդութեանդ վայելէ փառք իշխանութիւն և պատիւ ․ այժմ և միշտ և յաւիտեանս յաւիտենից ․

Օրհնեալ Տէր մեր Յիսուս Քրիստոս ․ ամէն ։

Սարկաւագն ձայնեսցէ ։ Օրհնեա Տէր ։

Քահանայն խաչակնքէ 'ի վերայ ժողովրդեանն ասելով 'ի ձայն.

Տէր Աստուած օրհնեսցէ ✠ զամենեսեանդ ։

Դպիրն ։ Ամէն ։

Սարկաւագն ։ Մի՛ ոք յերեխայից ․ մի՛ ոք 'ի թերահաւատից ․ և մի՛ ոք յապաշխարողաց , և յանմաքրից մերձեսցի յաստուածային խորհուրդս ։

Դպիրն ․ Մարմին Տէրունական և Արիւն փրկչական ․ կայ առաջի ․ երկնային զօրութիւնքն աներևոյթս ․ երգեն և ասեն անհանգիստ բարբառով ․ սուրբ ․ սուրբ ․ սուրբ ․ Տէր զօրութեանց ։

Սարկաւագն ։ Սաղմոս ասացէք Տեառն Աստուծոյ մերոյ , դպիրք ձայնիւ քաղցրութեան զերգս հոգևորս ։

Դպիրքն ասեն զՍրբասացութիւնն ըստ խորհրդոյ աւուրն ։ Եւ ամենեքեան խոնարհեսցեն 'ի ծունկս ։

The Clerks. And with Thy spirit.
The Deacon. Let us worship God.
The Clerks. In Thy presence, O Lord.
The Priest, aloud. With Thy peace, O Christ, our Saviour, which passes all understanding and words, strengthen us and keep us fearless from all evil; reckon us among Thy true worshippers, who worship Thee in spirit and in truth; for unto the Most Holy Trinity belong glory, dominion, and honour, now and ever, world without end.

Blessed be our Lord Jesus Christ. Amen.
The Deacon, aloud. Bless, O Lord.

Then the Priest shall make the sign of the Cross over the congregation, saying aloud,

The Lord God bless ✠ you all.
The Clerks. Amen.
The Deacon. Let none of the catechumens, no man of little faith, none of the penitents, nor the unclean draw near to this divine mystery.
The Clerks. The Body of the Lord, and the Blood of the Saviour, lie before [us]. The invisible powers sing unseen, and say, with uninterrupted voice, Holy, Holy, Holy Lord of Hosts.
The Deacon. Sing a psalm unto our Lord God, O ye clerks, a spiritual song with melody.

Then the Clerks shall sing the Trisagion according to the celebration of the day, and all shall kneel.

Սրբասացութիւնք ·

Յաւուր Ծննդեան. Աւետեաց. Պայծառակերպութեան. և Աստուածածնի ։

Բազմութիւնք հրեշտակաց և զօրաց երկնաւորաց. իջեալ 'ի յերկնից ընդ միածին Թագաւորին։ Որք երգէին և ասէին. սա է Որդին Աստուծոյ. ամենեքեան ասասցուք. ուրախ լերուք երկինք և ցնծասցեն հիմունք աշխարհի։ Զի Աստուածն յաւիտենական 'ի յերկրի երևեցաւ և ընդ մարդկան շրջեցաւ. զի կեցուսցէ զանձինս մեր ։

Ի Զատկին, Հոգւոյ գալստեան և 'ի տօնս Ս. Խաչի ։

Ո՛վ է որպէս Տէր Աստուած մեր. խաչեցաւ վասն մեր. Թաղեցաւ. և յարեաւ հաւատարիմ եղև աշխարհի և համբարձաւ փառօք։ Եկայք ժողովուրդք. զօրհնութիւն ընդ հրեշտակս երգեսցուք նմա ասելով. Սուրբ. Սուրբ. Սուրբ ես Տէր Աստուած մեր ։

Յաւուր՝ Ծաղկազարդի. Հոգւոյ գալստեան. Նշեղեցւոյ. Հրեշտակապետաց և այլ Կիւրակէից ։

Հրեշտակային կարգաւորութեամբ լցեր Աստուած զքո սուրբ զեկեղեցի։ Հազարք հազարաց հրեշտակապետք կան առաջի քո։ Եւ բիւրք բիւրուց հրեշտակք պաշտեն զքեզ Տէր. և 'ի մարդկանէ հաճեցար ընդունել զօրհնութիւն ։ Զայնիւ խորհրդականաւ. Սուրբ. Սուրբ. Սուրբ Տէր զօրութեանց ։

Trisagions.

For the Nativity, Annunciation, Transfiguration, and for the Feast of the Mother of God.

The multitude of angels, and heavenly hosts, have descended from Heaven with the King, the Only Begotten, who were singing and saying: This is the Son of God. Let us all say, Rejoice, O ye Heavens, and let the foundations of the earth tremble. For the eternal God has appeared on earth, and has dwelt among men, in order to save our souls.

From Easter to Pentecost, and for the Feast of the Holy Cross.

Who is like our Lord God. Who for our sake was crucified, buried, and, being risen, was recognised by the world, and ascended with glory. Come, O ye people, let us sing to Him with the angels, saying, Holy, Holy, Holy art Thou, O Lord our God.

For Palm-Sunday, Pentecost, the Church, and the Feast of the Angels, and for other Sundays.

O God, Thou hast filled Thy Holy Church with the angelic order. Thousands of archangels are before Thee, and myriads of angels serve Thee, yet, O Lord, Thou art pleased to receive praise from men in a mystical song. Holy, Holy, Holy Lord of Hosts.

[Մինչ երգեն զՄի՛ ոք յերեխայից. Քահանայն հանցէ զՍաղաւարտն և զհողաթափս. Եթէ Եպիսկոպոս իցէ պատարագողն. հանցէ ՚ի բաց և զԵմիփորոնն. և խոնարհեալ առաջի սրբոյ Սեղանոյն և խորհրդաբար աղօթեսցէ ՚ի ծածուկ :]

Ոչ ոք արժանի է յըմբռնելոցս մարմնաւոր ախտիւք և ցանկութեամբ մատչիլ. կամ՝ սպասաւորել արքունական փառաց քոց: Քանզի պաշտել զքեզ մեծ և ահաւոր՝ երկնային զօրութեանցդ իսկ է: Սակայն վասն անչափ բարերարութեան քոյ՝ անպարագրելի Բանդ Հօր. եղեր մարդ՝ և քահանայապետ մեր երևեցար: Եւ իբր Տէր ամենեցուն այսմ սպասաւորութեան, և անարիւն զենման, զքահանայութիւն աւանդեցեր մեզ: Վասն զի դու ես Տէր Աստուած մեր, որ տիրես երկնաւորաց և երկրաւորաց: Որ ՚ի վերայ Քերովբէական աթոռոյ բազմիս. Սերովբէից Տէր՝ և Թագաւոր Իսրայէլի: Որ միայն սուրբ ես և ՚ի սուրբս հանգուցեալ: Աղաչեմ զքեզ միայն բարերար և հեշտալուր. նայեա՛ յիս ՚ի մեղուցեալ և յանպիտան ծառայս քո: Եւ սրբեա՛ զհոգի և զմիտս իմ յամենայն պղծութենէ չարին: Եւ բաւականացո՛ զիս զօրութեամբ Սուրբ Հոգւոյդ. որ զգեցեալ եմ զքահանայականս շնորհ, կալ առաջի սրբոյ Սեղանոյս և քահանայագործել զքո անարատ Մարմինդ և զպատուական Արիւնդ: Քեզ խոնարհեցուցեալ զպարանոցս իմ, մաղթեմ. մի՛ դարձուցաներ զերեսս քո յինէն, և մի՛ մերժեր զիս ՚ի ծառայից քոց: Այլ արժանի արա՛ մատուցանել քեզ զընծայս զայս յինէն ՚ի

[*While they sing (but none of the catechumens), the Priest shall take off his Mitre and his slippers. If a Bishop, he shall take off the hemiphorion, and then humble himself before the Holy Table, and he shall thus pray mystically, in silence.*]

None of those who are held by fleshly lusts and passions is worthy to come near Thy Table, or to wait upon Thy glory, O King; for to serve Thee is a great and awful duty, even for the Heavenly hosts. But in Thine infinite goodness, Thou, ineffable Word of the Father, wast made man, and didst appear as our High Priest; and, as Lord of all, didst Thou commit unto us this service and office of priest of a bloodless sacrifice, because Thou art our Lord God, who rulest things on earth and things in heaven; who sittest upon a throne of Cherubim, O Thou Lord of Seraphim and King of Israel; who alone art Holy, and reposest among the saints. I beseech Thee, who alone art beneficent and mild, look upon me, Thy sinful and unworthy servant, and cleanse my soul and my mind from all filthiness of evil. And make me fit, through the strength of Thy Holy Spirit, me, who am clothed upon with the grace of the priestly office, to stand before Thy Holy Table, and to administer in the quality of priest Thy pure Body and Thy precious Blood. I also entreat Thee, with my neck bowed [before Thee], turn not Thy face away from me; and sever me not from among Thy servants. But make me worthy to bring to Thee these offerings [and receive

մեղուցեալ և յանարժան ծառայէս քումմէ : Վասն զի՝ դու ես որ մատուցանես և մատչիս և ընդունիս և տաս Քրիստոս Աստուած մեր : Եւ քեզ փառս մատուցանեմք հանդերձ անսկզբան քո Հարբդ և ամենասուրբ և բարերար Հոգւովդ. այժմ և միշտ և յաւիտեանս յաւիտենից. ամէն :

Եւ մինչ Քահանայն աղօթէ. Սարկաւագունքն վերաբերիցեն զսրբազան Հացն և անմահութեան Բաժակն 'ի սուրբ Սեղանն :

Եւ Թէ հանդերձաւոր ոք լինի և զսուրբ խորհուրդն վերաբերել կամիցի. այս է արարողութիւնն : Յորժամ Քահանայն ասէ. "Տէր Ած օրհնեսցէ զամենեսեանս :" Ասեն յորդոր՝ զ"Մի՛ոք յերեխայից. զՄարմին Տէրունական. զՍաղմոս ասասցեն և զսուրբ Սրբասացութիւնն :" Եւ ապա գան խնկարկելով 'ի սուրբ խորհուրդն. և Սարկաւագն ձայնէ ասելով.

Յարևու եհար զխորան իւր. և ինքն որպէս փեսայ զի ելանէ յառագաստէ իւրմէ :

Դպիրքն : *Եւ ցնծայ նա որպէս հսկայ. յընթանալ զճանապարհս իւր :*

Սարկաւագն : *Որք զՔրովբէից :*

Դպիրքն : *Խորհրդաբար կերպարանիմք :*

Եւ գան յորևելից կողմն : և Սարկաւագն ասէ.

Ճանապարհ արարէք այնմիկ. որ նստի յերկնից յերկինս ընդ արևելս :

Դպիրքն : *Եւ կենդանարար Երրորդութեանն. զեռաքսրբեան օրհնութիւնս մատուցանեմք :*

Եւ գան 'ի հարաւակողմն : և Սարկաւագն ասէ.

Աստուած 'ի հարաւոյ եկեսցէ. և սուրբն 'ի փառան լեռնէ :

Դպիրքն : *Զամենայն զկենցաղականս 'ի բաց դնելով զգործս :*

them] at the hands of me, Thine unworthy and sinful servant. For thou art He who offers and was offered, who art received and who givest, O Christ, our God; to Thee, therefore, do I ascribe glory with Thy eternal Father, and Thy most holy and beneficent Spirit, now and ever; world without end. Amen.

And while the Priest prays, the Deacons shall carry round the sacred bread and the cup of immortality, to the Holy Table.

If it is a festival, and the carrying of the Holy Mystery is to be solemnised; it is thus performed. When the Priest has said the " Lord God bless you all," the " Let none of the catechumens ;" the " Body of the Lord ;" the " Sing a psalm ;" they say the Trisagion of the day, in exhortation. And then they come burning incense to the Holy Mystery, and the Deacon says, aloud,

In them hath He set a tabernacle for the sun, which cometh forth as a bridegroom out of his chamber.

The Clerks. And rejoiceth as a giant to run his course.

The Deacon. We, who the Cherubims

The Clerks. Mystically represent.

Then, coming towards the East, the Deacon says,

Cast up a highway for him that rideth upon the heaven of heavens towards the East.

The Clerks. And we sing the thrice holy hymn to the life-giving Trinity.

Then, coming towards the South, the Deacon says,

God shall come from the South and the Holy One from mount Paran.

The Clerks. Let us lay aside all worldly care.

Եւ գան յառաջ խորանին. և ծնրադիր ահաւոր խորհրդոյն ասասցէ հանդարտութեամբ:

Համբարձէք իշխանք զդրունս ձեր ՚ի վեր. համբարձցին դրունք յաւիտենից և մտցէ Թագաւոր փառաց:

Եւ պատարագողն ներքուստ հարցանէ.

Ո՞վ է սա Թագաւոր փառաց. Տէր հզօր զօրութեամբ իւրով. Տէր կարող ՚ի պատերազմի:

Դպիրքն: Որպէս զի՛ զԹագաւորն ամենեցուն ընդունիցիմք:

Սարկաւագն: Համբարձէք իշխանք զդրունս ձեր ՚ի վեր. համբարձցին դրունք յաւիտենից և մտցէ Թագաւոր փառաց:

Քահանայն: Ո՞վ է սա Թագաւոր փառաց և Տէր զօրութեանց:

Դպիրքն: Եւ զհրեշտակացն հանդիսապէս ընծայեալ բերեմք զկարգ:

Սարկաւագն: Սա՛ ինքն է Թագաւոր փառաց:

Եւ պատարագողն երկրպագէ ահիւ և դողութեամբ և առնու ՚ի ձեռաց Սարկաւագին և խաչակնքէ ՚ի վերայ ժողովրդեանն ասելով.

Օրհնեա՛լ եկեալ անուամբ Տեառն:

Դպիրքն: Ալէլուիա:

Եւ ընծայն ձեռամբերէին ՚ի Սեղանն և Քահանայն խնկեսցէ և լուասցէ զմատունս իւր ասելով:

Լուացից սրբութեամբ զձեռս իմ. և շուրջ եկեց զսեղանով քով Տէր:

Then, coming to the steps of the Altar, the bearer of the Holy Mystery says, attentively,

Lift up your heads, O ye gates; and be ye lift up, ye everlasting doors. And the King of Glory shall come in.

The Celebrant censes and asks,

Who is the King of Glory? The Lord strong and mighty, the Lord mighty in battle.

The Clerks. That we may welcome the King of all [in Heaven and Earth]

The Deacon. Lift up your heads, O ye gates; yea, lift them up, ye everlasting doors. And the King of Glory shall come in.

The Priest. Who is this King of Glory? The Lord of hosts.

The Clerks. And solemnly represent our rank in the order of His angels.

The Deacon. This is the King of Glory.

Then the Celebrant worships with fear and reverence, and receives [the oblations] from the hands of the Deacon; and then makes the sign of the Cross towards the congregation saying,

Blessed is He that cometh in the name of the Lord.

The Clerks. Alleluia.

The Oblations are then placed upon the Holy Table, and the Priest shall burn incense, and then wash his fingers, saying,

I will wash my hands in innocency: so will I compass Thine Altar, O Lord.

[Իսկ յայլ աւուրս. Քահանայն և Սարկաւագն, 'ի ձեռաբերական, զՍաղմոսն Ջայն տուէն, զոծ յայնէ ։]
[Յորէյէն ոճննյեան 'ի խոնարհման ծնկոյն.]

Սարկաւագն ։ Եւ ևս խաղաղութեան զՏէր աղաչեսցուք ։

Դպիրքն։ Տէր ողորմեա ։

Սարկաւագն։ Եւ ևս հաւատով և սրբութեամբ կացցուք յաղօթս առաջի սրբոյ Սեղանոյս Աստուծոյ աՀիւ ։ Մ՝ի խղճիւ և գայթակղութեամբ. մի՛ նենգութեամբ խորամանկութեամբ. մի՛ պատրանօք և խաբէութեամբ. մի՛ երկմտութեամբ և մի՛ թերահաւատութեամբ ։ Այլ ուղիղ վարուք. պարզ մտօք. միամիտ սրտիւ. կատարեալ հաւատով ։ Լցեալ սիրով լի և առաւելեալ ամենայն գործովք բարութեան ։ Կացցուք յաղօթս առաջի սրբոյ Սեղանոյս Աստուծոյ. և գտցուք զողորմութեան զշնորհս ։ Յաւուր յայտնութեան և 'ի միւսանգամ՝ գալստեան Տեառն մերոյ և փրկչին Յիսուսի Քրիստոսի. կեցուսցէ և ողորմեսցի ։

Դպիրքն ։ Կեցո՛ Տէր և ողորմեա՛ ։

Մինչ նոքա փորոցէն. Քահանայն Եպիսկոպոսն աղօթեսցէ 'ի ծածուկ ։

Տէր Աստուած զօրութեանց և արարիչ ամենայն լինելութեանց ։ Որ յանէութենէ զբնաւս 'ի ցուցակութիւն ածեալ գոյացուցեր ։ Որ և զմերս զհողեղէն բնութիւնս պատուեալ մարդասիրապէս. այսպիսի աՀաւոր և անպատում խորհրդոյ կարգեցեր

[*As to other days, the Priest and the Deacon shall say the psalms only, in a low voice, in the above ceremony.*]
[*Then all stand up.*]

The Deacon. Let us again pray to the Lord in peace.

The Clerks. Lord have mercy upon us.

The Deacon. Let us again, in faith and purity, stand in awe before the Holy Table of God. Not with scruple or offence; not with deceit or guile; not with wiles or cheating; not with doubt, and not with little faith; but with an upright conduct, a pure mind, with a single heart, a perfect faith, being filled with love, full and overflowing with deeds of goodness; let us stand in prayer before the Holy Table of God, and there find grace and mercy, in the day of His appearing, and at the second coming of our Lord and Saviour Jesus Christ. Let Him save us alive and have mercy upon us.

The Clerks. Save us, O Lord, and have mercy upon us.

While they repeat this Exhortation, the Priest shall thus pray in silence, with open arms.

Lord God of Hosts, and Maker of all things that can be, who didst bring all things into visible existence out of nothing; who also with charity didst honour our earthly nature, and didst raise us to the rank of ministers of such an awful and inexplicable mystery;

սպասաւորս ։ Դու Տէ՛ր, որում պատարագեմք զպատարագիսս, ընկա՛լ առ 'ի մէնջ զառաջադրութիւնս զայս. և աւարտեա՛ զսա 'ի խորհրդականութիւն Մարմնոյ և Արեան Միածնի քոյ. դեղ թողութեան մեղաց պարգևեա՛ ճաշակողացս ✠ զհացս զայս և զբաժակս ։

Սարկաւագն յայնժամ ։ Օրհնեա՛ Տէր ։

Քահանայն ։ Շնորհօք և մարդասիրութեամբ Տեառն մերոյ և փրկչին Յիսուսի Քրիստոսի. ընդ որում՝ քեզ Հօր միանգամայն և Հոգւոյդ Սրբոյ վայելէ փառք իշխանութիւն և պատիւ. այժմ և միշտ և յաւիտեանս յաւիտենից. ամէն ։

Խաղաղութիւն ✠ ամենեցուն ։

Դպիրն ։ Եւ ընդ հոգւոյդ քում ։

Սարկաւագն ։ Աստուծոյ երկիրպագեսցուք ։

Դպիրն ։ Առաջի քո Տէր ։

Սարկաւագն ։ Ողջոյն տուք միմեանց 'ի համբոյր սրբութեան, և որք ոչ էք կարող հաղորդիլ Աստուածային խորհրդոյս, առ դրունս ելէք և աղօթեցէք ։

Դպիրն ։ Քրիստոս 'ի մէջ մեր յայտնեցաւ. որ Էնն Աստուած աստ բազմեցաւ ։ Խաղաղութեան ձայն հնչեցաւ. սուրբ ողջունիս հրաման տուաւ ։ Եկեղեցիս մի անձն եղև. համբոյրս յօդ լրման տուաւ ։ Թշնամութիւնն հեռացաւ. սէրն յընդհանուրս սփռեցաւ ։ Արդ պաշտօնեայք բարձեալ զձայն. տուք զօրհնութիւն 'ի մի բերան ։ Միանական Աստուածութեանն. որում Սրովբէքն են սրբաբան ։

Thou, O Lord, to whom we offer this oblation (or this sacrifice) accept this our oblation and consummate it into a sacramental rite and offering of the Body and Blood of Thine Only Begotten. And grant the remedy of forgiveness of sins to those who taste of ✠ this bread and of this cup.

The Deacon, aloud. Bless, O Lord.

The Priest. Through the grace and charity of our Lord and Saviour Jesus Christ, with whom unto Thee, O Father, and to the Holy Ghost, belong glory, dominion and honour, now and ever, world without end. Amen.

Peace ✠ be with you all.

The Clerks. And with Thy Spirit.

The Deacon. Let us worship God.

The Clerks. In Thy presence, O Lord.

The Deacon. Salute one another with the kiss of holiness, and those of you who are not able to partake of these divine mysteries, go to the doors and pray.

The Clerks. Christ has been manifested among us: He, that is, God, has seated himself here; the voice of peace has been heard; the command for the holy greeting has been given; the church was become one soul; the kiss has been given as a knot of accomplishment; enmity has been removed, and love has been spread abroad among us all. Now, O ye ministers, raise your voice and bless with one voice the united Trinity, unto whom Seraphim sing the Trisagion.

Եւ համբուրելոյն զՍեղանն և զմիմեանս :

Ոմանք և զայս ասեն 'ի համբուրելն փոխէ :

Սարկաւագն : Որք հաւատով կայք յանդիման. սուրբ Սեղանոյս արքայական : Տեսէք բազմեալ զՔրիստոս արքայն. և շուրջ պատեալ զօրք վերնական :

Դպիրքն : Վերհամբառնամք զաչս ունելով. և պաղատիմք զայս ասելով: Զմեղս մեր մի՛ յիշեսցես. այլ գթութեամբ քո քաւեսցես. Ընդ հրեշտակացն օրհնեմք զքեզ. և ընդ սրբոց քոց Տէր փառք քեզ:

Սարկաւագն : Ահիւ կացցուք երկիւղիւ կացցուք. բարւոք կացցուք. և նայեսցարուք զգուշութեամբ :

Դպիրքն : Առ քեզ Աստուած :

Սարկաւագն : Պատարագ Քրիստոս մատչի գառն Աստուծոյ :

Դպիրքն : Ողորմութիւն և խաղաղութիւն և պատարագ օրհնութեան :

Սարկաւագն : Օրհնեա՛ Տէր :

Քահանայն : Շնորհք, սէր և Աստուածային սրբարար զօրութիւնն Հօր և Որդւոյ և Հոգւոյն Սրբոյ :

Եղիցի ✠ ընդ ձեզ ընդ ամենեսեանդ :

Դպիրքն : Ամէն և ընդ հոգւոյդ քում:

Սարկաւագն : Զդրունս, զդրունս. ամենայն իմաստութեամբ և զգուշութեամբ : Ի վեր ընծայեցուցէք զմիտս ձեր Աստուածային երկիւղիւ :

Then they kiss the Holy Table, and one another.
On Festival days some say this,

The Deacon. Ye, who, with faith stand before the Holy kingly table. See the King, Christ, sitting, and surrounded with the celestial hosts.

The Clerks. We look with our eyes upwards, and implore thus, saying: Do not mention our sins, but in Thy compassion Thou wilt expiate them. With the angels we bless Thee, and with Thy saints, Lord, we glorify Thee.

The Deacon. Let us stand in awe, let us attend with fear as we ought, and let us look up attentively,

The Clerks. To Thee, O God.

The Deacon. Christ, the Lamb of God, is offered in sacrifice.

The Clerks. Mercy and peace, and a sacrifice of benediction.

The Deacon. Bless, O Lord.

The Priest. The grace, the love, and the divine sanctifying power of the Father, of the Son, and of the Holy Ghost,

Be with you ✠ and with all.

The Clerks. Amen; And with Thy Spirit.

The Deacon. [To] the doors, [to] the doors: give ear with understanding and caution. Lift up your minds with divine fear.

Դպիրքն : Ունիմք առ քեզ Տէր ամենակալ :

Սարկաւագն : Եւ գոհացարուք զՏեառնէ բոլորով սրտիւ :

Դպիրքն : Արժան և իրաւ :

Իսկ 'ի հանդիսաւոր աւուրս, յորժամ ասէ Արժան և իրաւէն ասեն զայս :

Սարկաւագն : Եւ զստոյգ փրկութեան որ միշտ ընդ ամենայն տեղիս գոհութիւն մատուցանեմք քեզ Քրիստոս : Որով և զհրաշալի զպարութիւնդ քո գովեն զօրութիւնք : Սարսին Սերովբէքն . դողան Քերովբէքն . և իշխանութիւնք վերին պետութեանցն պարառեալ քաղցր ձայնիւ եղանակեն և ասեն :

Մինչ նոքա երգեն . Քահանայն խոնարհած աղօթեսցէ 'ի ծածուկ :

Արժան է ստուգապէս և իրաւ՝ ամենայորդոր փութով միշտ երկիրպագանելով փառաւորել զքեզ Հայր ամենակալ : Որ զքոյին անզննելի և արարչակից բանիւդ զանիծիցն բարձեր զկրճիմն : Նոր ժողովուրդ ինքեան առեալ զեկեղեցի սեփականեաց զհաւատացեալս 'ի քեզ : Եւ զննելի բնութեամբ ըստ 'ի կուսէն տնտեսութեան՝ հաճեցաւ բնակիլ 'ի մեզ : Եւ Նորագործ Աստուածապէս ճարտարապետեալ՝ զերկիրս երկին արար : Վասն զի՝ որում ոչն հանդուրժէին առաջի կալ զուարթնոցն ջոկք՝ զարհուրեալք 'ի փայլակնացայտ և յանմատոյց լուսոյ Աստուածութեանդ : Եղեալ այդպիսիդ մարդ՝ յաղագս մերոյ փրկութեան շնորհեաց մեզ ընդ երկնայինսն պարել զհոգեղէն պարս :

The Clerks. We lift them up unto Thee, Lord Almighty.

The Deacon. And render thanks unto the Lord with your whole heart.

The Clerks. It is meet and right so to do.

On feast days some say this after " It is meet and right so to do."

The Deacon. And we render to Thee, O Christ, thanks for the true salvation, ever and everywhere, through [or for] which the Hosts praise Thy wonderful resurrection. The Seraphims tremble, and the Cherubims shudder. And the supreme powers in heaven, unite in harmony and sing aloud.

While they sing, the Priest shall say the following prayer, privately, with clasped hands,

It is meet, indeed, and right, with earnest diligence, and devoted worship, to glorify Thee, Father Almighty, who by Thine unsearchable Word and Fellow-Creator didst remove the hindrance of the curse; while, He, having made the church His own new congregation, reckoned all those who believe in Thee His property; who was pleased to dwell among us in a visible and sensible nature, taken from the Virgin's bosom; and doing, like God, a new work, to make heaven on earth. Wherefore He, before whom the legions of Watchers would not venture to stand, troubled as they are at the brightness of the unapproachable light of the Godhead thus become man for our salvation, has granted to us to join the joyous bands of the inhabitants of heaven.

F

Սարկաւագն յայնժամ․ Օրհնեա՛ Տէր։

Քահանայն։ Եւ ընդ Սերոբէսն և ընդ Քերոբէսն միաձայն սրբասացութեամբ յօրինել նուագս․ և համարձակապէս գոչելով աղաղակել ընդ նոսին և ասել։

Դպիրքն։ Սուրբ․ Սուրբ․ Սուրբ․ Տէր զօրութեանց։ Լի են երկինք և երկիր փառօք քո․ օրհնութիւն 'ի բարձունս․ օրհնեալ որ եկիր և գալոց ես անուամբ Տեառն․ Ովսաննա՛ 'ի բարձունս։

Մինչ նոքա երգեն․ Քահանայն ծածկաբար աղօթեսցէ 'ի ծածուկ։

Սուրբ․ Սուրբ․ Սուրբ ես ճշմարտապէս և ամենասուրբ․ և ո՞վ ոք պանծասցի բովանդակել բանիւ զքո 'ի մեզ զանբաւ բարեգործութեան զեղմունս։ Որ և անդէն իսկ 'ի նախնումն զանկեալն ընդ մեղօք զանազան եղանակօք խնամեալ մխիթարեցեր։ Մարգարէիւք, օրինացն տուչութեամբ, քահանայութեամբ և ստուերակերպ երնջուցն մատուցմամբ։ Իսկ 'ի վախճան աւուրցս այսոցիկ՝ զբովանդակ իսկ զպարտեաց մերոց խզեալ զդատակնիք։ Ետուր մեզ զՈրդիդ քո Միածին, պարտապան և պարտս․ զենումն և օծեալ․ գառն և երկնաւոր հաց․ քահանայապետ և պատարագ։ Վասն զի ինքն է բաշխող․ և նոյն ինքն բաշխի 'ի միջի մերում միշտ անծախապէս։ Վասն զի՝ եղեալ հաւաստեաւ և առանց ցնորից մարդ․ և անշփոթ միաւորութեամբ մարմնացեալ յԱստուածածնէն և 'ի սուրբ կուսէն մարիամայ։

The Deacon, aloud. Bless, O Lord.

The Priest. And with Seraphim and Cherubim to frame our songs with one voice of exalted praise (Trisagion song), and with full confidence to cry aloud with them and say,

The Clerks. Holy, holy, holy Lord God of Hosts, heaven and earth are full of Thy glory, blessing in the highest. Blessed art Thou who didst come, and who art to come, in the name of the Lord. Hosanna in the highest.

While they sing, the Priest shall privately say this prayer, with his arms spread out.

Holy, holy, holy art Thou truly, and most holy. And who is he that will presume fully to describe the ceaseless flow of Thine unspeakable loving-kindness? Thou who from the first did take care of and comfort man fallen in sin, by means of prophets, by giving him the Law, and by the priesthood, and the offering of kine; and who in the end of days, having torn up the handwriting of condemnation relating to all our debts, didst give us Thine Only Begotten Son, both debtor and debt, victim and anointed, Lamb and Bread of heaven, High Priest and sacrifice, [or oblation]. For He it is, who distributes and is distributed in the midst of us, without ever being consumed. For, having been made man, truly, and not apparently [like a phantom], and having taken a body by union, without confusion, from the Mother of God

Զանապարհորդեաց ընդ ամենայն կիրս մարդկային կենցաղոյս առանց մեղաց: Եւ յաշխարհակեցոյցն՝ և առիթն փրկութեան մերոյ՝ նկեալ կամաւ 'ի խաչ: Առեալ զհացն՝ 'ի սուրբ՝ յԱստուածային՝ յանմահ՝ յանարատ և յարարչագործ 'ի ձեռս իւր· օրհնեաց՝ գոհացաւ՝ եբեկ և ետ իւրոց ընտրեալ սուրբ և բազմեալ աշակերտացն ասելով:

Սարկաւագն յայտնէ: Օրհնեա՛ Տէր:

Քահանայն: Առէք կերէք այս է ՄԱՐՄԻՆ ԻՄ, որ վասն ձեր և բազմաց բաշխի 'ի քաւութիւն և 'ի թողութիւն մեղաց:

Դպիրքն: Ամէն:

Քահանայն 'ի ծածուկ: Նոյնպէս և զբաժակն առեալ՝ օրհնեաց՝ գոհացաւ՝ էարբ և ետ իւրոց ընտրեալ սուրբ և բազմեալ աշակերտացն ասելով:

Սարկաւագն յայտնէ: Օրհնեա՛ Տէր:

Քահանայն: Արբէք 'ի սմանէ ամենեքեան. այս է ԱՐԻՒՆ ԻՄ Նորոյ ուխտի· որ յաղագս ձեր և բազմաց հեղանի 'ի քաւութիւն և 'ի թողութիւն մեղաց:

Դպիրքն: Ամէն: Հայր երկնաւոր. որ զՈրդիդ քո ետուր 'ի մահ· վասն մեր պարտապան պարտեաց մերոց· հեղմամբ արեան Նորա· աղաչեմք զքեզ ողորմեա՛ քո բանաւոր հօտի:

Քահանայն 'ի ծածուկ: Եւ զսոյն միշտ իւր յիշա-

and Holy Virgin Mary, He journeyed through life with all the passions of actual human existence, yet without sin; and of His free will walked to the Cross, through which He gave life to the world and wrought salvation for us. Then taking the bread in his holy, divine, immortal, innocent, and creating hands, He blessed, gave thanks, brake it, and gave it to His chosen and holy disciples sitting [at meat] with Him saying:

The Deacon, aloud. Bless, O Lord.

The Priest. Take, eat, this is My Body which is broken [distributed] for you and for many, for the expiation and remission of sins.

The Clerks. Amen.

The Priest, privately. Likewise, taking the cup, He blessed, gave thanks and drank, and gave to His chosen and holy disciples who sat [at meat] with Him, saying,

The Deacon, aloud. Bless, O Lord.

The Priest. Drink ye all of this. This is My Blood of the New Testament, which is shed for you and for many, for the expiation and remission of sins.

The Clerks. Amen. Heavenly Father, who didst give Thine Only Begotten Son unto the death for our sakes, as debtor of our debts, we pray Thee, through the shedding of His blood, to have mercy on this Thy rational flock.

The Priest, privately. And Thine only Begotten

տանել առնել, պատուիրան աւանդեաց մեզ բարերար Որդին քո Միածին. Եւ իջեալ 'ի ստորին վայրս մահու մարմնովն, զոր 'ի մերմէս ընկալաւ յաղագակցութենէ։ Եւ զնիգս դժոխոցն աղարտեալ հզօրեղապէս։ Զքեզ միայն ծանոյց մեզ ճշմարիտ Աստուած. զԱստուածդ կենդանեաց և մեռելոց։

Եւ առնու զԸնծայսն 'ի ձեռն և ասէ 'ի ծածուկ։

Եւ արդ մեք Տէր, ըստ այսմ՝ հրամանատրութեան յառաջ բերեալ զայս խորհուրդ փրկական Մարմնոյ և Արեան միածնի քո։ Յիշեմք զդորա որ վասն մեր զփրկագործ չարչարանսն։ Զկենսատու խաչելութիւնն։ Զերեքօրեայ թաղումն։ Զերանելի յարութիւնն։ Զաստուածապէս համբարձումն։ Զնստիլն ընդ աջմէ քո Հայր. զահաւոր և զփառաւորեալ զմիւսանգամ գալուստն խոստովանիմք և օրհնեմք։

Սարկաւագն ձայնեսցէ։ Օրհնեա Տէր։

Քահանայն զԸնծայսն առեալ ընդ երկրպագութեամբ, մատուցանէ առ Հայր, և դնէ 'ի վերայ Սեղանոյն ասելով 'ի ձայն.

Եւ զքոյս 'ի քոյոց՝ քեզ մատուցանեմք, ըստ ամենայնի և յաղագս ամենեցուն։

Դպիրքն։ Յամենայնի օրհնեալ ես Տէր. օրհնեմք զքեզ, գովեմք զքեզ, գոհանամք զքէն, աղաչեմք զքեզ Տէր Աստուած մեր։

Մինչ նուագ երգեն. Քահանայն ձեռնտարած ասէ 'ի ծածուկ։

Զքեզ արդարև Տէր Աստուած մեր գովեմք և

Son after having commanded us always to do this in remembrance of Him, descended into the innermost abode of death, in the body which He took of our nature; and after breaking asunder with might the bolts of hell, made Thee known unto us, the only true God, God of the quick and dead.

The Priest then takes the oblations in his hands, and says, privately,

We therefore, O Lord, presenting unto Thee, according to Thy command, this saving mystery [or sacrament] of the Body and Blood of Thine only Begotten, do make mention of the sufferings He endured for our salvation, of His crucifixion that gave us life; of His burial of three days; of His blessed resurrection; of His Ascension as God; and of His sitting at Thy right hand, O Father; and we confess and bless His awful and glorious second coming.

The Deacon, aloud. Bless, O Lord.

The Priest, then raising the offerings a little, shall offer them unto the Father. And he then shall place them upon the Holy Table, saying,

And we offer unto Thee of Thine own, in all things, and for all things.

The Clerks. In every thing Thou art blessed, O Lord. We praise Thee, we bless Thee, we give thanks unto Thee, O Lord, and we pray to Thee, O our God.

While they sing the Priest shall say, privately, with open arms.

We justly praise Thee, O Lord God, and render

զքէն գոհանամք հանապազ։ Որ 'զանց արարեր զմե-
րով անարժանութեամբս. այսպիսի ահաւոր և անպա-
տում խորհրդոյ կարգեցեր սպասաւորս։ Ոչ յաղագս
մերոց ինչ բարեգործութեանց, յորոց յոյժ թափուր
եմք և միշտ ունայն գտանիմք հանապազ։ Այլ 'ի
քո բազմազեղ ներողութիւնդ ցանգ ապաւինեալ
համարձակիմք մերձենալ 'ի սպասաւորութիւն Մարմնոյ
և Արեան Միածնի քոյ Տեառն մերոյ և փրկչին
Յիսուսի Քրիստոսի. որում վայելէ փառք իշխանու-
թիւն և պատիւ. այժմ և միշտ և յաւիտեանս յաւի-
տենից. ամէն։

Սարկաւագն ձայնեսցէ։ Օրհնեա Տէր։

[Քահանայն դառնայ և խաչակնքէ ասելով 'ի ձայն։]

Խաղաղութիւն ✠ ամենեցուն։

Դպիրքն։ Եւ ընդ հոգւոյդ քում։

Սարկաւագն։ Աստուծոյ երկիրպագեսցուք։

Դպիրքն։ Առաջի քո Տէր։ Որդի Աստուծոյ. որ պատարագեալ Հօր 'ի հաշտութիւն հաց կենաց բաշխիս 'ի մեզ հեղմամբ Արեան քո սուրբ. աղաչեմք զքեզ ողորմեա Արեամբ քով փրկեալ հօտի։

Մինչ նոքա երգեն. Քահանայն խոնարհեալ երկիրպագէ Սեղանոյն և ասասցէ 'ի ծածուկ։

Երկիրպագանեմք և աղաչեմք և խնդրեմք 'ի քէն բարերար Աստուած. Առաքեա 'ի մեզ և յառաջի եդեալ ընծայս այս. զմշտնջենաւորակից քո և զէակից Սուրբ Հոգիդ։

thanks on Thine account at all times, for that, having passed over our unworthiness, Thou hast made us ministers of this awful and unspeakable mystery [sacrament]; not because of any merits of our own, of which we are altogether bereft, and always find ourselves utterly destitute; but ever taking refuge in Thine abundant forgiveness, do we venture to approach the ministry of the Body and Blood of Thine only Begotten, our Lord and Saviour Jesus Christ, unto whom belong glory, dominion and honour; now and ever, world without end. Amen.

The Deacon, aloud. Bless, O Lord.

The Priest, turning and making the sign of the Cross, says, aloud,

Peace ✠ be with you all.

The Clerks. And with Thy Spirit.

The Deacon. Let us worship God.

The Clerks. In Thy presence, O Lord. Son of God, who wast sacrificed in order to reconcile us to the Father. Bread of life, Thou art distributed among us; we pray Thee, through the shedding of Thy Blood, have mercy on the flock saved by Thy Blood.

While they sing, the Priest, humbling himself, shall bow to the Holy Table and say, privately,

We worship and we beseech and request Thee, O beneficent God, shed abroad upon us and these oblations which we now present [unto Thee], Thy Spirit who is both eternal and of the same essence with Thee.

Եւ կոչեալ Սարկաւագն առընթեր քահանային և երկեւղիւ-դողութեամբ մեծաւ: Եւ ասասցէ 'ի յոծ. Ամէն Օրհնեա Տէր: Եւ քահանայն խաչակնքէ զԸնծայսն ասելով 'ի ծածուկ:

Որով զհացս օրհնեալ ✠ Մարմին ճշմարտապէս արասցես Տեառն մերոյ և փրկչին Յիսուսի Քրիստոսի: [Երեքս կրկնէ]

Եւ զբաժակս օրհնեալ ✠ Արիւն ստուգապէս արասցես Տեառն մերոյ և փրկչին Յիսուսի Քրիստոսի: [Երեքս կրկնէ]

Որով զհացս և զգինիս օրհնեալ ✠ Մարմին և Արիւն ճշմարտապէս արասցես Տեառն մերոյ և փրկչին Յիսուսի Քրիստոսի փոխարկելով Հոգւովդ քով Սրբով: [Երեքս կրկնէ]

[Սարկաւագն: Ամէն. Եղիցի եղիցի եղիցի:]

Սարկաւագն ձայնեսցէ: *Օրհնեա Տէր:*

Քահանայն: *Որպէս զի եղիցի սա ամենեցուն մեզ մերձեցելոցս, յանդատապարտութիւն 'ի քաւութիւն և 'ի թողութիւն մեղաց:*

Դպիրքն: *Հոգի Աստուծոյ. որ զփառակցի քո զխորհուրդ. իջեալ 'ի յերկնից կատարես 'ի ձեռս մեր. հեղմամբ Արեան սորա աղաչեմք զքեզ հանգո՛ զհոգիս մեր ննջեցելոցն:*

Եւ քահանայն այսուհետև ոչ բարձրագոյն քան զԸնծայսն զձեռսն ունի տարածեալ, այլ խոնարհագոյն: Եւ զաչսն 'ի նոյն յառեալ աղօթեսցէ 'ի ծածուկ:

Սովաւ շնորհեա զսէր, զհաստատութիւն և զըղձալի զխաղաղութիւն ամենայն աշխարհի, սրբոյ եկեղեցւոյ

Then the Deacon, standing close to the Priest, with great fear and reverence shall say, softly, " Amen. Bless, O Lord." Then the Priest shall sign the offering with the sign of the Cross saying, privately,

Whereby Thou wilt make the bread when blessed ✠ truly the Body of our Lord and Saviour Jesus Christ (*thrice repeated*).

And the Cup when blessed ✠ wilt Thou really make it the Blood of our Lord and Saviour Jesus Christ (*thrice repeated*).

Whereby Thou wilt make the bread and wine when blessed ✠ truly the Body and Blood of our Lord and Saviour Jesus Christ, changing them by Thy Holy Spirit (*thrice repeated*).

[*The Deacon, Amen. Be it so. (thrice repeated)*].

The Deacon, aloud, Bless, O Lord.

The Priest. So that it be to us all, who draw near to it, our release from condemnation, and for the expiation and remission of our sins.

The Clerks. Spirit of God, Who didst come down from heaven, to perform the mystery of Him who is glorified with Thee, through the shedding of His Blood, we beseech Thee, grant rest to the souls of our departed.

Henceforth the Priest shall not raise his hands spread over the oblations, but shall hold them low, and keeping his eyes on them, he shall thus pray, privately,

Through it, to the whole world, grant love, security and the peace that is so much wanted to the Holy Church

և ամենայն ուղղափառ Եպիսկոպոսաց. Քահանայից. Սարկաւագաց. Թագաւորաց. Աշխարհի. Իշխանաց. Ժողովրդոց. Ճանապարհորդելոց. Նաւելոց. Կապելոց. Վտանգելոց. Աշխատելոց. Եւ որք 'ի պատերազմունս բարբարոսաց: Սովաւ և օդոց շնորհեա զբարեխառնութիւն. և անդոց զպտղաբերութիւն. և ախտացելոց 'ի պէս պէս ցաւս, փութապէս առողջութիւն: Սովաւ հանգո՛ զամենեսեան յառաջագոյն 'ի Քրիստոս ննջեցեալսն. զնախահարս. զհայրապետս. զմարգարէս. զառաքեալս. զվկայեալս. զեպիսկոպոսունս. զերիցունս. զսարկաւագունս. և զընաւ ուխտ Եկեղեցւոյ քոյ սրբոյ: Եւ զամենեսեան յաշխարհական կարգէ զարս և զկանայս հաւատով վախճանեալս:

Սարկաւագն յայտնեսցէ: Օրհնեա Տէր:

Քահանայն: Ընդ որս և մեզ այց արասցես բարերար Աստուած աղաչեմք:

Դպիրքն: Յիշեա Տէր և ողորմեա:

Քահանայն: Աստուածածնին սրբոյ Կուսին Մարիամու. և Յովհաննու մկրտչին. Ստեփաննոսի նախավկային. և ամենայն սրբոց եղիցի յիշատակ 'ի սուրբ պատարագս աղաչեմք:

Դպիրքն: Յիշեա Տէր և ողորմեա:

and to all Orthodox Bishops; to Priests; Deacons; Kings of the earth and to Princes; to congregations; to way-faring men; to sea-faring men; to prisoners; to men in danger; to others who labour and toil; and to those who are at war among barbarians. Through it grant a good [mixture of atmospheres] a favourable return of the seasons, and to the fields fruitfulness; and to those who are afflicted with divers diseases, grant them all speedy relief and health. Through it give rest to all those who ere this have fallen asleep in Christ; to the Patriarchs; to the Fathers; to Prophets; to the Apostles; to Martyrs; to Bishops; to Presbyters; to Deacons; and to the whole clergy of Thy Holy Church; and to all the laymen and women who have died in the faith.

The Deacon, aloud. Bless, O Lord.

The Priest. With whom, we also pray Thee, beneficent God, to come and visit us.

The Clerks. Lord, remember us, and have mercy on us.

The Priest. We pray Thee also that in this holy oblation [or sacrifice] remembrance be made of the Mother of God, the Holy Virgin Mary; and of John the Baptist, of the proto-martyr Stephen, and of all the Saints.

The Clerks. Remember [them], O Lord, and have mercy [on them].

Սարկաւագն յաջակողմն Սեղանոյն կանգնեալ ասասցէ ։

Առաքելոց սրբոց . Մարգարէից . Վարդապետաց . Մարտիրոսաց . և ամենայն Հայրապետաց սրբոց . Առաքելագործ Եպիսկոպոսաց . Երիցանց . ուղղափառ Սարկաւագաց . և ամենայն սրբոց ։ Եղիցի յիշատակ 'ի սուրբ պատարագս՝ աղաչեմք ։

Դպիրքն ։ Յիշեա Տէր ողորմեա ։

Սարկաւագն ։ [Ի Տէրունական աւուրս] Օրհնեալ գովեալ և փառաւորեալ . հրաշալի և աստուածազարդ Տէրութեանն Քրիստոսի երկիրպագանեմք ։

Դպիրքն ։ փառք Տէրութեան քո Տէր ։

Սարկաւագն ։ [Ի տօնի սրբոյ] Սուրբ և Աստուածահաճոյ մարգարէին . հայրապետին . առաքելոյն . մարտիրոսին . [այս անուն] . որոյ այսօր զյիշատակն կատարեցաք ։ Եղիցի յիշատակ 'ի սուրբ պատարագս՝ աղաչեմք ։

Դպիրքն ։ Յիշեա Տէր և ողորմեա ։

Սարկաւագն ։ Առաջնորդացն մերոց և առաջին լուսաւորչացն սրբոց . Թադէոսի և Բարդուղիմէոսի առաքելոցն , և Գրիգորի լուսաւորչին ։ Արիստակիսի . Վրթանիսի . Յուսկանն . Գրիգորիսի , Ներսէսի . Սահակայ . Դանիէլի և Խադայ . Մեսրովբայ վարդապետին . և Գրիգորի Նարեկացւոյն . և Ներսէսի Կլայեցւոյն . Յովհաննու Որոտնեցւոյն . և Գրիգորի և Մովսէսի Տաթևացեացն . և սրբոց Գրիգորիսեանց

Then the Deacon, at the right hand of the Holy Table shall say, with clasped hands,

We pray that in this sacred oblation [or sacrifice] mention be made of the Holy Apostles, Prophets, Vartabeds, Martyrs, and of all Holy Fathers, Apostolic Bishops, Presbyters, Orthodox Deacons, and of all the Saints.

The Clerks. Remember [them], O Lord, and have mercy [on them].

The Deacon. [On the Lord's days]. Let us worship the blessed, worthy to be praised, glorious, admirable, and divine power of Christ.

The Clerks. Glory be to Thy Power, O Lord.

The Deacon. [on Saints' days] We pray that holy and dear to God, Prophet, Patriarch, Apostle, Martyr, [N.N.] whose memory we have this day celebrated, may be commemorated in this holy oblation.

The Clerks. Remember [them] O Lord, and have mercy [on them].

The Deacon. We pray that in this sacred Liturgy remembrance be made of our Prelates and our first illuminators; of the holy Apostles Thaddeus and Bartholomew, of our illuminator Gregory, of the Saints Arisdaghes, Verthanes, Hussig, Grigoris, Nerses, Sahag, Daniel, and Khat, of the Vartabed Mesrob, and Gregory of Nareg, and of Nerses Clayetsi, John Worodnetsi, Gregory and Moses Dathevatsi, as of the

և ՚Ներսիսեանց. Հովուացն և Հովուապետացն Հայաստանեայց: Եղիցի յիշատակ ՚ի սուրբ պատարագս՝ աղաչեմք:

Դպիրքն: Յիշեա Տէր և ողորմեա:

Սարկաւագն: Միանձնացելոց սրբոց. առաքինասէր և Աստուածուսոյց կրօնաւորացն. Պօղոսի. Անտօնի. Պօղայ. Մակարայ. Օնուփրիոսի. աբբայ Մարկոսի. Սրապիոնի. ՚Նեղոսի. Արսէնի. Եւագրի. Պարսամայ: Յովհաննիսեանց և Սիմէօնեանց. սրբոց Ոսկեանց և Սուքիասեանց. և ամենայն սրբոց, հարց և աշակերտելոց նոցին ընդ տիեզերս: Եղիցի յիշատակ ՚ի սուրբ պատարագս՝ աղաչեմք:

Դպիրքն: Յիշեա Տէր և ողորմեա:

Սարկաւագն: Թագաւորաց հաւատացելոց սրբոց. Աբգարու. Կոստանդիանոսի. Տրդատայ. և Թէոդոսի. և ամենայն սուրբ և բարեպաշտ Թագաւորաց և Աստուածասէր իշխանաց: Եղիցի յիշատակ ՚ի սուրբ պատարագս՝ աղաչեմ:

Դպիրքն: Յիշեա Տէր և ողորմեա:

Սարկաւագն: Ընդհանուր ամենայն հաւատացելոց. արանց և կանանց. ծերոց և տղայոց. և ամենայն չափու հասակի հաւատով և սրբութեամբ ՚ի ՚Քրիստոս ննջեցելոցն: Եղիցի յիշատակ ՚ի սուրբ պատարագս՝ աղաչեմք:

Դպիրքն: Յիշեա Տէր և ողորմեա:

saints Gregory and Moses, and of their disciples, and of all the fathers and prelates of Armenia.

The Clerks. Remember [them], O Lord, and have mercy [on them].

The Deacon. We pray that remembrance be made in this Holy Liturgy of the holy fathers Anchorites, and God-inspired monks, Paul, Anthony, Paul, Macarius, Onuphrie, of the Abbot Mark, of Serapion, Nilus, Arsenius, Evagrius, Barsumas, of the martyrs whose chief were John, Simeon, Osghi, and Sukias; as well as of all the holy fathers, and of their disciples in the whole world.

The Clerks. Remember [them], O Lord, and have mercy [on them].

The Deacon. We pray that remembrance be made in this Holy Liturgy of the Christian Kings, Abgarus, Constantine, Tiridates, Theodosius, and of all the holy and faithful sovereigns, and of the pious princes.

The Clerks. Remember [them], O Lord, and have mercy [on them].

The Deacon. We pray that remembrance be made in this Holy Liturgy, of all the faithful, in general, men and women, old men and children, and of all of every age, who are fallen asleep in the faith of Christ.

The Clerks. Remember [them], O Lord, and have mercy [on them].

Մինչ նոքա երգեն զքարոզս [տես զգլխագիրն.] Քահանայն ասասցէ զաղօթս ['ի ծածուկ]. զի 'ի Ճաշէն տարբերեալքն:

Յիշեա Տէր և ողորմեա, և օրհնեա զսուրբ Կաթուղիկէ և զառաքելական Եկեղեցի քո․ զոր փրկեցեր պատուական Արեամբ Միածնի քոյ. և ազատեցեր խաչիւն սրբով․ շնորհեա սմա զանշարժ զխաղաղութիւն: Յիշեա Տէր և ողորմեա և օրհնեա զամենայն ուղղափառ եպիսկոպոսունս, որք ուղիղ վարդապետութեամբ համառօտեն 'ի մեզ զբանն ճշմարտութեան:

Սարկաւագն ձայնեսցէ: Օրհնեա Տէր:

Քահանայն 'ի ձայն: Եւս առաւել զԵպիսկոպոսապետն մեր և զպատուական Հայրապետն ամենայն Հայոց զտէր [այս անուն] շնորհեսցես մեզ ընդ երկայն աւուրս ուղիղ վարդապետութեամբ:

Եւ դարձեալ Սարկաւագն գայ 'ի թեւէ էտր և քարոզեսցէ Ճաշոյ:

Գոհութիւն և փառաբանութիւն մատուցանեմք քեզ Տէր Աստուած մեր․ վասն սուրբ և անմահ պատարագիս որ 'ի վերայ սրբոյ Սեղանոյս. զի սա մեզ 'ի սրբութիւն կենդանութեան պարգևեսցէ: Սովաւ շնորհեա զսէր զհաստատութիւն և զըղձալի զխաղաղութիւն ամենայն աշխարհի. սրբոյ Եկեղեցւոյ և ամենայն ուղղափառ եպիսկոպոսաց․ եպիսկոպոսապետին մերոյ և պատուական Հայրապետին ամենայն Հայոց տեառն [այս անուն]. և քահանայիս որ զպատարագս մատուցանէ: Եւ վասն զօրութեանց և յաղթութեանց թագաւորաց Քրիստոնէից և իշխանացն բարեպաշտից: Աղաչեսցուք և խնդրեսցուք և

While they sing these commemorations, the Priest shall say [privately], to be ended together.

Remember, O Lord, and bless Thy Holy Catholic and Apostolic Church, which Thou didst purchase with the precious Blood of Thine Only Begotten, and which Thou didst set free by His Holy Cross. Grant her unshaken peace. Remember, O Lord, bless and have mercy on all orthodox bishops who dispense the word of truth among us in sound doctrine.

The Deacon, aloud. Bless, O Lord.

The Priest. And especially, grant us our Archbishop and venerable Patriarch of all Armenians [N.] for length of days, and in sound doctrine.

Then the Deacon goes back to his own place, and says, aloud,

We offer Thee, O Lord our God, praise and glory for the holy and immortal [*i.e.* bloodless] sacrifice which is on this Holy Table; that Thou wilt vouchsafe it to be for us unto holiness of life. Through it, grant love, security and desirable peace to the whole world, to Thy Holy Church, and to all orthodox bishops; but especially to our venerable Patriarch of all Armenians [N.]; and to the Priest who offers this oblation [or sacrifice], and let it be for the strength and victory of Christian kings, and of pious princes. Let us also pray and entreat Thee for the souls of those who are at rest; but especially for the souls

վասն հոգւոցն հանգուցելոց : Եւս առաւել վասն հանգուցելոյ բաբունապետացն մերոց. և շինողաց սուրբ եկեղեցւոյս. և որք ընդ հովանեաւ սորին են հանգուցելոյ : Ազատութիւն եղբարց մերոց գերելոց և շնորհ առաջիկայ ժողովրդեանս : Հանդիստ հաւատով և սրբութեամբ 'ի Քրիստոս կատարելոցն : Եղիցի յիշատակ 'ի սուրբ պատարագս՝ աղաչեմք :

Դպիրքն : Ըստ ամենայնի. և յաղագս ամենեցուն :

Մինչ նոքա քարոզեն. Քահանայն ասասցէ զաղօթս 'ի ծածուկ :

Յիշեա Տէր և ողորմեա. և օրհնեա զքո առաջի կացեալ ✠ ժողովուրդս՝ և զպատարագիս մատուցողս. և պարգևեա սոցա զպիտոյսն և զօգտակարսն : Յիշեա Տէր և ողորմեա, և օրհնեա զուխտաւորս և զպտղաբերիչս Եկեղեցւոյ քում սրբոյ. և որք յիշեն զաղքատս ողորմածութեամբ. և հատո նոցա զպարտս նոցա ըստ ընդարձակ առատութեան քում հարիւրապատիկ աստ և 'ի հանդերձելումդ : Յիշեա Տէր և ողորմեա, և գթա 'ի հոգիս հանգուցելոցն : Հանգո զնոսա և լուսաւորեա. և դասաւորեա ընդ սուրբս քո յարքայութեանդ երկնից. և արժանի արա ողորմութեան քում : Յիշեա Տէր և զհոգի ծառայիս քոյ [այս անուն] և ողորմեա նմա ըստ մեծի ողորմութեան քում, և հանգո այցելութեամբ 'ի լոյս երեսաց քոց : Եւ եթէ կենդանի է, փրկեա զնա յամենայն որոգայթից հոգւոյ և մարմնոյ : Յիշեա Տէր և զայնոսիկ, որք յանձնեցին մեզ յիշատակել յաղօթս զկենդանիս և զհանգուցեալս. և կառավարեա

of our departed prelates, for the founders of this holy church, and for all those who rest under the fostering shadow thereof. Also for the deliverance of those our brethren who are taken captive; and for grace upon the congregation here present; and for the rest of those who have died in Christ, in faith and holiness. Let remembrance of them be made in this oblation [or sacrifice], we beseech Thee.

The Clerks. In all, and for all.

While they sing, the Priest shall say this prayer, privately,

Remember, O Lord, bless, ✠ and have mercy on Thy congregation here present, and on those who offer this oblation [or sacrifice]; and vouchsafe unto them that which is necessary and profitable for them. Remember, O Lord, bless, and have mercy on those who have made vows and who have brought offerings to Thy holy church; also on those who remember the poor, with pity for them; and give them their reward [or deserts] according to Thy wonted bounty, a hundred-fold here, and in the world to come. Remember, O Lord, bless, and have mercy and pity on the souls of the departed; give them rest, and also light; rank them among Thy saints in the kingdom of Heaven, and make them worthy of Thy mercy. Remember, also, Lord, the soul of Thy servant [N.] and have pity on him according to Thy great mercy, giving him rest by placing him in the light of Thy countenance; and if he be living, save

զկամս հայցմանց նոցա և զմերս , ընդ ուղղորդն և որ լին է փրկութեամբ ։ Եւ վարձատրեա բոլորեցունց զանանց և զներանելի բարութիւնսդ ։ Եւ զտեալ զխորհուրդս մեր տաճարացո յընդունակութիւն Մարմնոյ և Արեան Միածնի քոյ Տեառն մերոյ և փրկչին Յիսուսի Քրիստոսի ․ ընդ որում քեզ Հօր ամենակալի հանդերձ կենդանարար և ազատիչ Սուրբ Հոգւովդ ․ վայելէ փառք իշխանութիւն և պատիւ . այժմ և միշտ և յաւիտեանս յաւիտենից . ամէն ։

Սարկաւագն յայնեւայէ ։ Օրհնեա Տէր ։

Քահանայն ՚ի յայն . Եւ եղիցի ողորմութիւն մեծին Աստուծոյ և փրկչին մերոյ Յիսուսի Քրիստոսի .

Ընդ ձեզ ✠ ընդ ամենեսեանդ ։

Դպիրքն ։ Ամէն ․ Եւ ընդ հոգւոյդ քում ։

Սարկաւագն ։ Եւ ևս խաղաղութեան զՏէր աղաչեսցուք ։

Դպիրքն ։ Տէր ողորմեա ։

Սարկաւագն ։ Ամենայն սրբովք զորս յիշատակեցաք ևս առաւելապէս ․ զՏէր աղաչեսցուք ։

Դպիրքն ։ Տէր ողորմեա ։

Սարկաւագն ։ Վասն մատուցեալ սուրբ և Աստուածային պատարագիս , որ ՚ի վերայ սրբոյ Սեղանոյս զՏէր աղաչեսցուք ։

Դպիրքն ։ Տէր ողորմեա ։

Սարկաւագն ։ Որպէս զի Տէր Աստուած մեր որ ընկալաւ զսա ՚ի սուրբ երկնային և յիմանալի իւր մատուցարանն . զփոխանակն առաքեսցէ առ մեզ զշնորհս և զպարգևս Հոգւոյն Սրբոյ ․ զՏէր աղաչեսցուք ․

him from all snares of soul and body. Remember also, Lord, those who have recommended themselves to our prayers, whether they be alive or dead, and guide the desire of their requests and ours, to the right end that tends to salvation; then reward them all with the good things and bliss that shall not pass away. And having cleansed our thoughts, make us temples fit to receive the Body and Blood of Thine only Begotten Son, our Lord and Saviour Jesus Christ. Unto whom, with Thee, O Father Almighty, together with Thy life-giving and liberating Holy Spirit, belong glory, dominion, and honour, now and ever, world without end. Amen.

The Deacon, aloud. Bless, O Lord.

The Priest. And let the mercy of the great God and of our Saviour Jesus Christ,

        Be ✠ with you all.

The Clerks. Amen. And with Thy Spirit.

The Deacon. Let us again pray to the Lord in peace.

The Clerks. Lord, have mercy upon us.

The Deacon. We pray to the Lord especially with all the saints of whom we have made mention.

The Clerks. Lord, have mercy upon us.

The Deacon. We entreat the Lord through the holy and divine sacrifice which is on this holy Table.

The Clerks. Lord, have mercy upon us.

The Deacon. We entreat the Lord our God who accepts it placed on His holy, heavenly and intellectual table, to send us in return for it the grace and gifts of His Holy Spirit.

Դպիրքն: Տէր ողորմեա՛ :

Սարկաւագն: Ընկալ կեցո՛ եւ ողորմեա՛ . եւ պահեա՛ զմեզ Տէր քոյին շնորհիւդ .

Դպիրքն: Կեցո՛ զմեզ Տէր քոյին շնորհիւդ :

Սարկաւագն: Զամենասրբուհի զԱստուածածինն զմիշտ կոյսն Մարիամ. հանդերձ ամենայն սրբովք յիշելով. զՏէր աղաչեսցուք :

Դպիրքն: Յիշեա՛ Տէր եւ ողորմեա՛ :

Սարկաւագն: Եւ եւս միաբան վասն ճշմարիտ եւ սուրբ հաւատոյս մերոյ. զՏէր աղաչեսցուք:

Դպիրքն: Տէր ողորմեա՛ :

Սարկաւագն: Զանձինս մեր եւ զմիմեանս Տեառն Աստուծոյ ամենակալին յանձն արասցուք:

Դպիրքն: Քեզ Տեառնդ յանձն եղիցուք:

Սարկաւագն: Ողորմեա՛ց մեզ Տէր Աստուած մեր, ըստ մեծի ողորմութեան քում՝ ասասցուք ամենեքեան միաբանութեամբ:

Դպիրքն: Տէր ողորմեա՛ . Տէր ողորմեա՛ . Տէր ողորմեա՛ :

Մինչ Սարկաւագն քարոզէ. Քահանայն ասասցէ 'ի ծածուկ :

Աստուած ճշմարտութեան եւ Հայր ողորմութեան գոհանամք զքէն: Որ 'ի վեր քան զերանելի նահապետացն, զմեր պարտաւորելոցս առաւել մեծարեցեր զբնութիւն: Վասն զի Նոցա Աստուած կոչեցար. իսկ մեզ՝ Հայր հաճեցար անուանիլ գթալով: Եւ այժմ Տէր, աղաչեմք զքեզ, զայսպիսի առ 'ի քէն

The Clerks. Lord, have mercy upon us.

The Deacon. Accept, quicken us, have mercy upon us, and keep us by Thy grace, O Lord.

The Clerks. Quicken us, O Lord, with Thy grace.

The Deacon. We entreat the Lord, making mention of the most Holy Mother of God and ever Virgin, Mary, with all the saints.

The Clerks. Remember, O Lord, and have mercy upon us.

The Deacon. We also entreat the Lord for the unity of our true and holy faith.

The Clerks. Lord, have mercy upon us.

The Deacon. We commit our own selves and one another unto the Lord God Almighty.

The Clerks. Let us be committed to Thee, O Lord.

The Deacon. Have mercy upon us, O Lord, according to Thy great mercy. Let us all say together,

The Clerks. Lord, have mercy upon us [*three times*].

While the Deacon reads the above, the Priest shall say this prayer, privately,

O God of truth and Father of mercies, we pray Thee, for that Thou hast been pleased to exalt our guilty nature above the blessed patriarchs. For they called Thee God, but in pity for us Thou hast been pleased to let us address Thee as our Father. Therefore, O Lord, do we beseech Thee to let the grace of

զնորոգ և զպատուական անուանադրութեանս շնորհ : Որ ըստ օրէ պայծառացուցեալ ծաղկեցո 'ի մէջ Եկեղեցւոյ քում սրբոյ :

Սարկաւագն ձայնեսցէ : Օրհնեա Տէր :

Քահանայն 'ի ձայն : Եւ տուր մեզ համարձակաձայն բարբառով բանալ զբերանս մեր կարդալ զքեզ երկնաւորդ Հայր, երգել և ասել :

Դպիրքն Ճոխափառած եղանակեսցեն :

Հայր մեր որ յերկինս ես. սուրբ եղիցի անուն քո : Եկեսցէ արքայութիւն քո. եղիցին կամք քո՝ որպէս յերկինս և յերկրի : Զհաց մեր ՚հանապազորդ տուր մեզ այսօր : Եւ թող մեզ զպարտիս մեր. որպէս և մեք թողումք մերոց պարտապանաց : Եւ մի տանիր զմեզ 'ի փորձութիւն, 'այլ փրկեա 'ի չարէ :

Մինչ նոքա երգեն. Քահանայն աղօթեսցէ 'ի ծածուկ :

Տէր տէրանց. Աստուած Աստուծոց. Թագաւոր յաւիտենական. արարիչ ամենայն արարածոց, Հայր Տեառն մերոյ Յիսուսի Քրիստոսի : Մի տար զմեզ 'ի փորձութիւն, այլ փրկեա 'ի չարէ և ապրեցո՝ 'ի փորձութենէ :

Սարկաւագն ձայնեսցէ : Օրհնեա Տէր :

Քահանայն 'ի ձայն : Զի քո է արքայութիւն և զօրութիւն և փառք յաւիտեանս. ամէն :

Խաղաղութիւն ✠ ամենեցուն :

Դպիրքն : Եւ ընդ հոգւոյդ քում :

Սարկաւագն : Աստուծոյ երկրպագեսցուք :

Դպիրքն : Առաջի քո Տէր :

this new and venerable name by which Thou hast allowed us to call Thee, shine and flourish more and more every day in the midst of Thy holy church.

The Deacon, aloud. Bless, O Lord.

The Priest. And give us power to open our mouth and with boldness of access to call Thee Heavenly Father, to sing and to say,

The Clerks then sing [the Lord's prayer] with open arms,

Our Father, who art in Heaven, hallowed be Thy name, Thy kingdom come, Thy will be done on earth as it is in Heaven. Give us this day our daily bread, and forgive us our trespasses, as we forgive them that trespass against us; and lead us not into temptation, but deliver us from evil.

While they sing, the Priest shall pray in silence.

O Lord of Lords, God of Gods, King eternal, Creator of all things, Father of our Lord Jesus Christ, lead us not into temptation, but deliver us from evil, and be our refuge from temptation.

The Deacon, aloud. Bless, O Lord.

The Priest. For Thine is the kingdom, and the power, and the glory, for ever and ever. Amen.

Peace ✠ be to all.

The Clerks. And with Thy Spirit.

The Deacon. Let us worship God.

The Clerks. Before Thee, O Lord.

Քահանայն խոնարհեսցէ, և ամենայն ժողովուրդն ծռեսցի [խոնարհեսցի] 'ի ծունկս. Եւ քահանայն աղօթեսցէ 'ի ծածուկ ։

Որ աղբիւրդ ես կենաց և բղխումն ողորմութեան Հոգիդ Սուրբ ։ Ողորմեա ժողովրդեանս, որք խոնարհեալ երկիրպագանեն Աստուածութեան քում։ Պահեա զսոսա ամբողջս. տպաւորեա յոգւոջ սոցա զձև մարմնոյ ցուցակի. առ 'ի ժառանգութիւն և 'ի վիճակ հանդերձելոցդ բարեաց ։

Սարկաւագն յայտնեսցէ ։ Օրհնեա Տէր ։

Քահանայն 'ի յայն ։ Քրիստոսիւ Յիսուսիւ Տէրամբ մերով. ընդ որում քեզ Հոգւոյդ Սրբոյ և Հօր ամենակալի վայել է փառք իշխանութիւն և պատիւ. այժմ և միշտ և յաւիտեանս յաւիտենից. ամէն ։

Եւ քահանայն տայցէ զաւարբ Հայն 'ի յետն. Եւ Սարկաւագն յայտնեսցէ Բարձր ։

Պրօսխումէ ։

Եւ քահանայն Բարձրացուցանէ աջներն ամենայն ժողովրդեանն և ասասցէ 'ի յայն ։

'Ի Սրբութիւն Սրբոց ։

Դպիրքն՝ Բարձր յայտնի ։ Միայն Սուրբ. միայն Տէր ։ Յիսուս Քրիստոս 'ի փառս Աստուծոյ Հօր. ամէն ։

Սարկաւագն ։ Օրհնեա Տէր ։

Քահանայն ։ Օրհնեալ Հայր Սուրբ Աստուած ճշմարիտ ։

Դպիրքն ։ Ամէն ։

Սարկաւագն ։ Օրհնեա Տէր ։

The Priest then himself bows, and the whole congregation kneel down, while the Priest says this prayer, privately.

O Holy Spirit, who art the fountain of life, and the spring of mercy, have mercy on this Thy congregation now kneeling before Thee, and worshipping Thy Divine Majesty. Keep it whole, and stamp upon the heart of every one the habit of body that points towards the inheritance and possession of good things to come.

The Deacon, aloud. Bless, O Lord.

The Priest. Through Jesus Christ our Lord, unto whom, with Thee, O Holy Ghost, and the Father Almighty, belong glory, power, and honour, now and ever, world without end. Amen.

Then the Priest takes the Holy Bread in his hand, while the Deacon says, with a loud voice,

Proschume [*let us attend*].

And the Priest, holding it up in the eyes of the whole congregation, says, aloud,

Unto the Holinesss of the Holy.

The Clerks, with a loud voice. Alone Holy, alone Lord Jesus Christ, in the glory of the Father. Amen.

The Deacon. Bless, O Lord.

The Priest. Blessed be the Holy Father, true God.

The Clerks. Amen.

The Deacon. Bless, O Lord.

Քահանայն ։ Օրհնեալ Որդիդ Սուրբ Աստուած ճշմարիտ ։

Դպիրքն ։ Ամէն ։

Սարկաւագն ։ Օրհնեա Տէր ։

Քահանայն ։ Օրհնեալ Հոգիդ Սուրբ Աստուած ճշմարիտ ։

Դպիրքն ։ Ամէն ։

Սարկաւագն ։ Օրհնեա Տէր ։

Քահանայն ։ Օրհնութիւն և փառք Հօր և Որդւոյ և Հոգւոյն Սրբոյ․ այժմ և միշտ և յաւիտեանս յաւիտենից․ ամէն ։

Դպիրքն ։ Ամէն ։ Հայր Սուրբ․ Որդիդ Սուրբ․ Հոգիդ Սուրբ․ օրհնութիւն Հօր և Որդւոյ և Սրբոյ Հոգւոյն․ այժմ և միշտ և յաւիտեանս յաւիտենից․ ամէն ։

Եւ ընդ նմին երգեն զայս․ Քահանայն խոնարհեալ աղօթեսցէ 'ի ծածուկ ։

Նայեաց Տէր մեր Յիսուս Քրիստոս յերկնից 'ի սրբութենէ քումմէ, և յաթոռոյ փառաց թագաւորութեան քոյ․ եկ 'ի սրբել և 'ի կեցուցանել զմեզ․ որ ընդ Հօր նստիս և աստ պատարագիս ։ Արժանի արա տալ մեզ յանարատ Մարմնոյ քումմէ և 'ի պատուական Արենէ․ և 'ի ձեռն մեր ամենայն ժողովրդեանս ։

Եւ զայս ասասցեն երկրպագեսցեն և համբուրեսցեն զՍեղանն ։ Եւ առեալ զսուրբ Մարմինն ողջ Թացցէ յանապական Արեանն և ասասցէ ։

Տէր Աստուած մեր որ կոչեցեր զմեզ յանուն Միածնի որդւոյ քոյ Քրիստոնեայս․ և շնորհեցեր մեզ մկրտու-

The Priest. Blessed be the Holy Son, true God.

The Clerks. Amen.

The Deacon. Bless, O Lord.

The Priest. Blessed be the Holy Ghost, true God.

The Clerks. Amen.

The Deacon. Bless, O Lord.

The Priest. Blessing and glory to the Father, and to the Son, and to the Holy Ghost, now and ever, world without end. Amen.

The Clerks. Amen. The Father Holy, the Son Holy, the Holy Ghost Holy; blessing to the Father, and to the Son, and to the Holy Ghost, now and ever, world without end. Amen.

And while they sing this, the Priest shall himself bow, and say this prayer, privately,

Look upon us, O our Lord Jesus Christ, from the heavens of Thy holiness, and from the throne of Thy glorious kingdom; come to purify and to quicken us; Thou who sittest with the Father, and art here sacrificed [or offered]; deign to give us of Thine immaculate Body and of Thy precious Blood, and through our hands, to the whole congregation.

Having said this, he shall worship and kiss the Holy Table. And taking the Holy Body, he shall dip it whole into the precious Blood, and say,

O Lord our God, who hast called us Christians after the name of Thine only begotten Son, and hast vouch-

թիւն հոգևոր աւաշանաւն ’ի թողութիւն մեղաց. և արժանի արարեր զմեզ հաղորդիլ սուրբ Մարմնոյ և Արեան Միածնի քոյ: Եւ այժմ աղաչեմք զքեզ Տէր արա՛ զմեզ արժանիընդունիլ զսուրբ խորհուրդս ոչ այս մեզ ’ի մեղաց թողութիւն: Եւ գոհութեամբ փառաւորել զքեզ ընդ Որդւոյ և ընդ Սուրբ Հոգւոյդ. այժմ և միշտ և յաւիտեանս յաւիտենից. ամէն:

Սարկաւագն ձայնեսցէ: Օրհնեա՛ Տէր:

Քահանայն դարձուսցէ զերեսն ժողովրդեանն և ասասցէ ’ի ձայն:

Ի Սուրբ ’ի Սուրբ. պատուական Մարմնոյ և յԱրենէ Տեառն մերոյ և փրկչին Յիսուսի Քրիստոսի: Ճա՛շակեսցուք սրբութեամբ. որ իջեալ ’ի յերկնից բաշխի ’ի միջի մերում: Սա՛ է կեանք. Յոյս. Յարութիւն. Քաւութիւն. և Թողութիւն մեղաց: Սաղմոս ասացէ՛ք Տեառն Աստուծոյ մերում: Սաղմոս ասացէ՛ք երկնաւոր Թագաւորիս մերում անմահի. որ նստի ’ի կառս Քերովբէականս:

[Ծածկեն զվարագոյրն և երգեն զաղջարանաւագ Տէր ողորմեայն. աղա] Սարկաւագն ձայնեսցէ.

Սաղմոս ասացէ՛ք Տեառն Աստուծոյ մերոյ՝ Դպի՛րք ձայնիւ քաղցրութեան ’ի երգս հոգևորս. զի սմա վայել են սաղմոսք և օրհնութիւնք. ալէլուք և երգք հոգևորք: Պաշտօնեայք հանդերձ երգօք սաղմոս ասացէ՛ք և զՏէր յերկինս օրհնեցէք:

Յարիցեն ամենեքեան ’ի խոնարհմանէ ծնկացն:]

safed unto us the spiritual washing of baptism for the remission of sins; who hast made us worthy to communicate with the Holy Body and Blood of Thine Only Begotten; we now beseech Thee, O Lord, make us worthy to receive this holy mystery for the forgiveness of our sins; and with praises to glorify Thee, with the Son, and the Holy Ghost, now and ever, world without end. Amen.

The Deacon, aloud.   Bless, O Lord.

Then shall the Priest raise it in the eyes of the congregation, and say, aloud,

Let us taste in holiness [holily] of the holy, holy, and honourable Body and Blood of our Lord and Saviour Jesus Christ, who came down from heaven, and is now parted among us. He is the Life, the Hope, the Resurrection, the Expiation, and the Forgiveness of Sins. Sing Psalms unto the Lord our God; sing Psalms unto our immortal King of Heaven, who sits in a chariot [drawn] by Cherubims.

[*Then the curtain is drawn, and, the "Lord have mercy upon us," to be sung*]. *Then the Deacon says, aloud.*

Sing a psalm to our Lord God, O ye clerks, and spiritual songs in a sweet voice of melody; for unto Him belong psalms and blessings, alleluias, and spiritual songs. O ye ministers, sing psalms with songs, and bless the Lord who is in heaven.

[*They all, who were kneeling, then stand up.*]

Եւ Դպիրքն եղանակելով ասեն :

Քրիստոս պատարագեալ բաշխի ՚ի միջի մերում. Ալէլուիա :

ԶՄարմին իւր տայ մեզ կերակուր. և սուրբ զԱրիւն իւր ցօղէ ՚ի մեզ. Ալէլուիա :

Մատիք առ Տէր, և առէք զլոյս. Ալէլուիա :

Ճաշակեցէք և տեսէք զի քաղցր է Տէր. Ալէլուիա :

Օրհնեցէք զՏէր յերկինս. Ալէլուիա :

Օրհնեցէք զնա ՚ի բարձունս. Ալէլուիա :

Օրհնեցէք զնա ամենայն հրեշտակք նորա. Ալէլուիա :

Օրհնեցէք զնա ամենայն զօրութիւնք նորա. Ալէլուիա :

Մինչ նոքա երգեն. Քահանայն առնու զՄարմինն ՚ի ձեռն և համբուրեսցէ արտասուօք ասելով. [Ի ծածուկ :]

Զոր օրհնութիւն. կամ զոր գոհութիւն ՚ի վերայ Հացիս և Բաժակիս ասասցուք: Այլ Յիսուս զքեզ միայն օրհնեմք հանդերձ Հարբ և ամենասուրբ Հոգւովդ. այժմ և միշտ և յաւիտեանս յաւիտենից. ամէն :

Դարձեալ ասասցէ :

Խոստովանիմ և հաւատամ, զի դու ես Քրիստոս Որդի Աստուծոյ. որ բարձեր զմեղս աշխարհի:

Եւ ընկէցեալ արկցէ ՚ի բաժակին Արեան. ասելով :

Լրումն Հոգւոյն Սրբոյ :

The Clerks, in harmony,

Christ sacrificed, is parted among us.   Alleluia.

He gives us His Body for food, and He sprinkles His Holy Blood over us.   Alleluia.
Draw near unto the Lord, and take of His light. Alleluia.   Taste and see how gracious the Lord is.   Alleluia.
Bless the Lord in the heavens.   Alleluia.
Bless Him on high.   Alleluia.
Bless Him, O all ye angels of His.   Alleluia.
Bless Him, O all ye His hosts.   Alleluia.

While they sing the Priest shall take the Body in his hand, and he shall kiss it with tears, saying, privately,

What blessing, and what thanksgivings shall we render unto Thee for this bread and for this cup? But O Jesus, we bless Thee alone, with the Father, and the Most Holy Spirit, now and ever, world without end. Amen.

He shall add this also,

I confess and believe that Thou art Christ the Son of God, who didst bear the sins of the world.

Then breaking [the sanctified bread] he shall put it into the cup of the Blood, saying,

Fulness [of fulfilment] of the Holy Ghost.

Եւ ապա առեալ զՆշխարն 'ի ձեռն. ասասցէ արտասուօք և գոհութեամբ առ Հայր և Որդի. 'ի ծածուկ :

Հայր Սուրբ որ անուանեցեր զմեզ անուանակցութեամբ Միածնի քոյ. և լուսաւորեցեր մկրտութեամբ հոգևոր աւազանին : Արժանի արա ընդունիլ զսուրբ խորհուրդս զայս մեզ 'ի մեղաց թողութիւն. տպաւորեա 'ի մեզ զշնորհս Հոգւոյդ Սրբոյ. որպէս 'ի սուրբ Առաքեալսն որք ճաշակեցին և եղեն մաքրիչք ամենայն աշխարհի : Եւ արդ՝ Տէր Հայր բարերար, զհաղորդութիւնս զայս մասնաւորեա ճաշակման երեկոյին աշակերտացն, բառնալով զխաւար մեղաց. մի՛ հայիր յանարժանութիւնս իմ. և մի՛ արգելցես զշնորհս Հոգւոյդ Սրբոյ : Այլ ըստ անբաւ մարդասիրութեան քում, պարգևեա զսա քաւիչ մեղաց լուծիչ յանցանաց : Որպէս խոստացաւ և ասաց Տէրն մեր Յիսուս Քրիստոս թէ. Ամենայն որ ուտէ զՄարմին իմ և ըմպէ զԱրիւն իմ, կեցցէ 'ի յաւիտեան : Արդ՝ արա զսա մեզ 'ի քաւութիւն, զի որք կերիցեն և արբցեն 'ի սմանէ, հանցեն զօրհնութիւն և զփառս Հօր և Որդւոյ և Հոգւոյն Սրբոյ. այժմ և միշտ և յաւիտեանս յաւիտենից. ամէն :

Խաղաղութիւն ամենեցուն :

Գոհանամ զքէն Քրիստոս թագաւոր, որ արժանի արարեր զանարժանս հաղորդիլ սուրբ Մարմնոյ և Արեան քոյ : Եւ այժմ աղաչեմ՝ զքեզ մի՛ լիցի սա

Then taking one piece of the bread in his hand, he shall say, privately, with tears and thanksgiving, to the Father and to the Son,

Holy Father, who hast called us by the name of Thine Only Begotten, and hast enlightened us through the baptism of the spiritual font, deign to accept this holy [sacrament] mystery for the forgiveness of our sins; stamp upon us the graces of the Holy Ghost, as Thou didst on the holy Apostles who tasted of it, and became cleansers of the whole world. And now, Lord and beneficent Father, make this communion a part of the evening meal of the disciples, by removing the darkness of our sins. Look not upon the unworthiness of my sins; neither withhold from me the grace of Thy Holy Spirit. But according to Thine unspeakable charity, grant that this [sacrament] be for the expiation of sins, and the remission of trespasses. As our Lord Jesus Christ did promise and say, 'Whosoever eateth My Flesh and drinketh My Blood shall live for ever;' therefore, now make it to be to us for the expiation of sins, so that those who shall eat and drink of it, may bless and glorify the Father, and the Son, and the Holy Ghost, now and ever, world without end. Amen.

Peace be to all.

I thank Thee, Christ, O King, for that Thou hast made the unworthy, worthy to partake of Thy Holy Body and Blood. Therefore, do I now beseech Thee,

ինձ 'ի դատապարտութիւն, այլ 'ի քաւութիւն և 'ի թողութիւն մեղաց · առողջութիւն հոգւոյ և մարմնոյ . և 'ի կատարումն ամենայն գործոց առաքինութեան : Որպէս զի սրբեսցէ սա՛ զշունչս իմ. և զհոգի և զմարմին իմ : Եւ արասցէ զիս տաճար և բնակարան ամենասուրբ Երրորդութեանդ : Զի ընդ սուրբս քո արժանի եղէց փառաւորել զքեզ ընդ Հօր և ընդ Սուրբ Հոգւոյդ · այժմ և միշտ և յաւիտեանս յաւիտենից · ամէն :

Յովհաննու Ոսկեբերանին ասացեալ աղօթք :

Գոհանամ և մեծացուցանեմ և փառաւորեմ զքեզ Տէր Աստուած իմ, զի զիս զանարժանս արժանացուցեր յաւուր յայսմիկ հաղորդակից լինել աստուածային և սոսկալի խորհրդոյ քում · անարատ Մարմնոյդ և պատուական Արեանդ · վասն այսորիկ զսոսա 'ի բարեխօսութիւն ունելով, աղաչեմ յամենայն աւուրս և 'ի ժամանակս կենաց իմոց ընդ սրբութեան քոյ պահեա՛ զիս : Որպէս զի յիշելով զբարեգթութիւնս քո և կենդանի եղէց ընդ քեզ : Որ վասն մեր չարչարեցար և մեռար և յարեար, մի՛ մերձեսցի Տէր իմ և Աստուած, խորտակիչն, կնքելով անձին իմոյ պատուական Արեամբդ քով : Ամենակարող, մաքրեա՛ զիս սուրբ յամենայն մեռելոտի գործոց իմոց, որ միայնդ ես անմեղ : Ամրացո՛ զկեանս իմ Տէր, յամենայն փորձութենէ . զպատերազմողն իմ դարձո՛ յինէն յետս, պատկառեալ և ամաչեցեալ որչափ

let it not be to me unto condemnation, but for expiation and forgiveness of sins; for health of body and spirit, and for the accomplishment of all virtuous works. So that it may purify my breath, and my soul and body, and thus make me the temple and abode of the Most Holy Trinity; and that I be worthy with Thy Saints to glorify Thee with the Father and the Holy Ghost, now and ever, world without end. Amen.

Prayer of St. John Chrysostom.

I praise and magnify and glorify Thee, O Lord my God, that Thou hast made me, unworthy as I am, worthy this day to be fellow-communicant of Thy divine and awful [mystery] sacrament of Thine immaculate Body and precious Blood. Wherefore, having these [sacred emblems] for intercessors, I beseech Thee to keep me with Thy holiness every day and during the whole time of my life. So that, bearing in my mind Thy clemency, I may become living in Thee, who for our sakes didst suffer, and die, and rise again. Let not, O Lord my God, the destroyer come near my person, signed [or sealed] with Thy precious Blood. Almighty God, through these [emblems] cleanse me from all my dead works; for Thou alone art without sin. Guard my life, O Lord, from all temptation, and let my adversary turn back from me ashamed and confused

յառնէ 'ի վերայ իմ: Ամրացո՛ զգնացս մտաց և և լեզուի իմոյ, և զամենայն 'ճանապարհս մարմնոյ իմոյ: Լե՛ր հանապազորդ ընդ իս, ըստ անսուտ խոստմանց քոց, թէ՝ որ ուտէ զՄարմին իմ, և ըմպէ զԱրիւն իմ, նա յիս բնակեսցի և ես 'ի նմա: Դու առացեր մարդասէր, կացո՛ զբանս աստուածային անլուծանելի հրամանաց քոց: Զի դու ես Աստուած ողորմութեան, և գթութեան և մարդասիրութեան և պարգևիչ ամենայն բարեաց. և քեզ վայել է փառք հանդերձ Հարբդ և ամենասուրբ Հոգւովդ. այժմ և միշտ և յաւիտեանս յաւիտենից. ամէն:

Եւ ապա տեառնագրեսցէ զինքն. և խնդրեսցէ 'ի Ճշմարտին Աստուծոյ, զ[illegible] հայցուածս անձին իւրոյ. և ժողովրդեան, և աշխարհի. և Թողութիւն խնդրեսցէ իւրոց յանցանացն. Թշնամեացն և ատելեացն: Եւ անդէն ահիւ և դողութեամբ ճաշակեսցէ 'ի Մարմնոյն. և արբցէ 'ի Բաժակէն, ասելով.

Հաւատով հաւատամ յամենասուրբ Երրորդութիւնդ, 'ի Հայր և յՈրդի և 'ի Հոգիդ Սուրբ:

Հաւատով ճաշակեմ զսուրբ և զկենդանարար և զփրկագործ Մարմինս քո Քրիստոս Աստուած իմ Յիսուս, 'ի Թողութիւն մեղաց իմոց:

Հաւատով ըմպեմ զսրբարար և զմաքրիչ Արիւնս քո Քրիստոս Աստուած իմ Յիսուս, 'ի Թողութիւն մեղաց իմոց:

Մարմին քո անապական լիցի ինձ 'ի կեանս: Եւ սուրբ Արիւն քո 'ի քաւութիւն և 'ի Թողութիւն մեղաց:

as often as he rises against me. Guard the goings of my mind and of my tongue, and all the walks of my body. Be Thou every day with me according to Thy never-failing promise, that 'Whosoever eateth My Flesh and drinketh My Blood dwelleth in Me, and I in him.' Thou didst say so, O Thou Lover of men; establish the Word of Thy divine and abiding commands. For Thou art the God of mercy, of pity, who lovest men, and the giver of all good things; and unto Thee belong glory with the Father and Thy Most Holy Spirit, now and ever, world without end. Amen.

Then shall the Priest sign himself; and shall request of the true God the sundry things he wishes for himself, for the congregation, and for the whole world; he shall also pray for the forgiveness of his own offenders, enemies, and of those that hate him. And then with fear and trembling shall he taste of the Body and drink of the Cup, saying,

In faith do I believe in the Most Holy Trinity, in the Father, the Son, and the Holy Ghost.

In faith do I taste of Thy holy, life-giving, and saving Body, O Christ my God Jesus, for the forgiveness of my sins.

In faith do I drink Thy sanctifying [purifying] and cleansing Blood, O Christ my God Jesus, for the forgiveness of my sins.

Let Thy incorruptible Body be to me for life; and Thy holy Blood for the propitiation and forgiveness of my sins.

Եւ Սարկաւագն հաղորդեալ և յետ հաղորդելոյն գոչէ առ ժողովուրդն և ասէ բարձր [Բանան վարագոյրն].

Երկիւղիւ և հաւատով յառաջ մատիք և սրբութեամբ հաղորդեցարուք :

Դպիրքն՝ բարձր ձայնիւ : Աստուած մեր և Տէր մեր երևեցաւ մեզ. օրհնեալ եկեալ անուամբ Տեառն :

Եւ ամենայն ժողովուրդն հաղորդեսցին. և յետ հաղորդելոյն, Քահանայն խաչակնքեսցէ զժողովուրդն Ընծայիւն և ասասցէ :

Կեցո՛ Տէր, զժողովուրդս քո. և օրհնեա՛ զժառանգութիւնս քո. հովուեա՛ և բարձրացո՛ զսոսա յայսմհետէ մինչև յաւիտեան :

[Դարձեալ ծածկեն վարագոյրն :]

Եւ Դպիրքն Երգեսցեն : Լցաք 'ի բարութեանց քոց Տէր. ճաշակելով զՄարմին քո և զԱրիւն. փա՛ռք 'ի բարձունս կերակրողիդ զմեզ: Որ հանապազ կերակրես զմեզ. առաքեա՛ 'ի մեզ զհոգևոր քո զօրհնութիւն. փա՛ռք 'ի բարձունս կերակրողիդ զմեզ:

Քահանայն ասասցէ 'ի ծածուկ : Գոհանամք զքէն, Հա՛յր ամենակալ. որ պատրաստեցեր մեզ նաւահանգիստ սուրբ զԵկեղեցի՝ տաճար սրբութեան, ուր փառաբանի ամենասուրբ Երրորդութիւնդ. Ալէլուիա :

Գոհանամք զքէն, Քրիստոս Թագաւոր. որ պարգևեցեր մեզ կենդանութիւն կենարար Մարմնով և Արեամբ քով սրբով. շնորհեա՛ զքաւութիւն և զմեծ զողորմութիւն. Ալէլուիա :

Then the Deacon communicates; and, after communicating, he calls aloud to the congregation, and says [the curtain is drawn aside],

Draw near with fear, and communuicate [holily] in holiness.

The Clerks, with a loud voice. Our God, our Lord has appeared unto us. Blessed is He that cometh in the name of the Lord.

Then all who are worthy shall communicate. After they all have communicated, the Priest shall make the sign of the Cross over them with the sacred offerings, and say,

Save alive Thy congregation, O Lord, and bless Thine inheritance; feed it and exalt it henceforth and for ever.

[The curtain is drawn again.]

The Clerks shall sing. We have been filled, O Lord, with Thy goodness, while tasting of Thy Body and Blood. Glory be on High unto Thee who hast fed us; Thou who continually feedest us, send upon us Thy spiritual blessing. Glory be on High to Thee who hast fed us.

Meanwhile the Priest thus prays, privately,

We thank Thee, O Father Almighty, who didst prepare for us the Holy Church for a haven of rest and a temple of holiness, where the Holy Trinity is glorified. Alleluia.

We thank Thee, Christ, O King, who hast vouchsafed unto us the quickening [food] of Thy life-giving Body and of Thy holy Blood. Grant us remission [of sins] and Thy great mercy. Alleluia.

Գոհանամք զքէն, Հոգիդ ճշմարիտ. որ նորոգեցեր սուրբ զԵկեղեցի. անարատ պահեա հաւատով Երրորդութեանդ յայսմհետէ մինչև յաւիտեան. Ալէլուիա :

Սարկաւագն 'ի ձայն: Եւ ևս խաղաղութեան զՏէր աղաչեսցուք:

Դպիրքն: Տէր ողորմեա:

Սարկաւագն: Եւ ևս հաւատով ընկալեալք յաստուածային, սուրբ, երկնային, անմահ, անարատ և անապական խորհրդոյս, զՏեառնէ գոհացարուք:

Դպիրքն: Գոհանամք զքէն Տէր. որ կերակրեցեր զմեզ յանմահական Սեղանոյ քոյ: Բաշխելով զՄարմին և զԱրիւնդ 'ի փրկութիւն աշխարհի: Եւ կեանք անձանց մերոց:

[Մինչ նոքա երգեն.] Քահանայն ասասցէ 'ի ծածուկ:

Գոհանամք զքէն, Քրիստոս Աստուած մեր, որ զայսպիսի ճաշակումն բարութեան շնորհեցեր մեզ 'ի սրբութիւն կենդանութեան: Սովիմբ պահեա զմեզ սուրբս և անարատս, բնակեալ զմեօք քո աստուածային խնամօքդ: Հովուեա զմեզ յանդաստանի կամաց քոց սրբոց և բարեսիրաց: Որով ամրացեալք յամենայն բանսարկուին ընդդիմութեանց, քում՝ և եթ արժանի եղիցուք լսել ձայնի: Եւ քեզ միայնոյ քաջայաղթ և ճշմարիտ հովուիդ հետևիլ: Եւ առ 'ի քէն ընդունիլ զպատրաստեալ տեղի յարքայութեանդ երկնից: Աստուած մեր և Տէր մեր և փրկիչ

We thank Thee, O True Spirit, who hast renewed the Holy Church. Keep her without blemish by faith in the Trinity, henceforth and for ever. Alleluia.

The Deacon, aloud. Let us again pray to the Lord in peace.

The Clerks. Lord, have mercy upon us.

The Deacon. Let us also render thanks unto the Lord for our having received in faith the divine, holy, heavenly, immortal, immaculate, and faultless Sacrament.

The Clerks. We render thanks unto Thee, O Lord, who hast fed us at Thine immortal table, distributing Thy Body and Blood for the salvation of the world and for the life of our souls.

While they sing the Priest shall say, privately,

We render thanks unto Thee, O Christ our God, for that Thou hast granted to us such a taste of Thy goodness, unto holiness of life. Keep us through it holy and without blemish, by dwelling in us through Thy divine protection. Feed us, O Christ, in the green pastures of Thy holy and benevolent will; by which, being fortified against every attack of the adversary, we may become worthy to hear Thy voice alone, and to follow Thee alone as our true and kind Shepherd, and receive from Thee the place prepared for us in the kingdom of heaven, O our God, Lord

Յիսուս Քրիստոս : Որ ես օրհնեալ ընդ Հօր և ընդ Սուրբ Հոգւոյդ. այժմ և միշտ և յաւիտեանս յաւիտենից. ամէն :

Խաղաղութիւն ամենեցուն :

Անքննելի, անհաս, երրեակ ինքնութեանդ, հաստիչ, ընդունող, և անբաժանելի, միասնական սուրբ Երրորդութեանդ, վայելէ փառք իշխանութիւն և պատիւ այժմ և միշտ և յաւիտեանս յաւիտենից. ամէն :

[Ապա խոստովանեն նմա զՔոյր. եւ յետ լուանալոյ զձեռս իւր, դնէ քահանայն զՍաղմոսարան 'ի գլուխն, եւ բանան զվարագոյրն :]

Սարկաւագն յայտնեսցէ : Օրհնեա՛ Տէ՛ր :

Քահանայն ասէ զԱւետարանն սուրբ 'ի ձեռս իւր : Եւ երեքս երկրպագեալ համբուրեսցէ զսուրբ Սեղանն : Եւ իջանելով 'ի Դէմ Եկեղեցւոյն [Համբերեալ Սարկաւագօքն.] ասասցէ զաղօթս 'ի յայն :

Որ օրհնես զայնոսիկ՝ որք օրհնեն զքեզ Տէր, և սուրբ առնես զյուսացեալս 'ի քեզ :

[Դպիրքն : Օրհնեալ է Աստուած.]

Կեցո՛ զժողովուրդս քո և օրհնեա՛ զժառանգութիւնս քո. զլրումն Եկեղեցւոյ քո պահեա՛ :

[Դպիրքն : ամէն :]

Սրբեա՛ զսոսա որք ողջունեցին սիրով զվայելչութիւն տան քոյ. դու զմեզ փառաւորեա՛ Աստուածային զօրութեամբ քով. և մի՛ թողուր զյուսացեալս 'ի քեզ :

[Դպիրքն : Ամէն :]

and Saviour, Jesus Christ; who art blessed with the Father, and with the Holy Ghost, now and ever, world without end. Amen.

Peace be to all.

To the unsearchable, incomprehensible, Triune essence, creating, embracing and indivisible, and consubstantial Holy Trinity belong glory, dominion, and honour, now and ever, world without end. Amen.

[*Then water is brought, and after washing his hands, the Priest shall put the mitre on his head, and the curtain is drawn aside.*]

The Deacon, aloud. Bless, O Lord.

And now the Priest shall take the holy Gospel in his hands, and worshipping three times, he shall kiss the Holy Table. Then preceded by the Deacons, and descending into the Church, he shall say this prayer, aloud,

O Lord, who blessest them that bless Thee, and makest them holy that put their trust in Thee,

[*The Clerks. Blessed is God.*]

Save alive Thy congregation, and bless Thine inheritance, maintain the fulness of Thy Church.

[*The Clerks. Amen.*]

Sanctify those who in love come to greet the majesty of Thy House. Glorify us with Thy divine power, and forsake not those who put their trust in Thee.

[*The Clerks. Amen.*]

Զխաղաղութիւն պարգեւեա ամենայն աշխարհի. Եկեղեցեաց. քահանայից. Թագաւորաց քրիստոնէից. և զինուորեալ մանկանց նոցին, և ամենայն ժողովրդեանս :

[Դպիրքն : Ամէն :]

Զի ամենայն տուրք բարիք, և ամենայն պարգեւք կատարեալք, 'ի վերուստ են իջեալք առ 'ի քէն. որ ես Հայր լուսոյ. և քեզ վայել է փառք իշխանութիւն և պատիւ. այժմ և միշտ և յաւիտեանս յաւիտենից, ամէն :

[Դպիրքն ասասցեն երիցս :]

Եղիցի անուն Տեառն օրհնեալ, յայսմհետէ մինչև յաւիտեան :

Եւ Քահանայն դարձցի առ ժողովուրդն և ասասցէ 'ի ձայն :

Կատարումն օրինաց և մարգարէից դու ես Քրիստոս Աստուած փրկիչ մեր : Որ լցեր զամենայն Հայրական տնօրէնութիւնս քո : Լից և զմեզ Հոգւովդ քով Սրբով:

Սարկաւագն : Օրթի :

Քահանայն : Խաղաղութիւն ✠ ամենեցուն :

Դպիրքն : Եւ ընդ հոգւոյդ քում:

Սարկաւագն : Երկիւղածութեամբ լուարուք :

Քահանայն : Սրբոյ Աւետարանիս Յիսուսի Քրիստոսի, որ ըստ Յովհաննու :

Դպիրքն : Փառք քեզ Տէր Աստուած մեր :

Սարկաւագն : Պրոսխումէ :

Դպիրքն : Ասէ Աստուած :

Քահանայն : Ի Հօրէ լուսոյ :

Grant peace to the whole world, to the churches, priests, Christian kings, to their armies, and to the whole of this congregation.

[*The Clerks. Amen.*]

For all good gifts and all perfect gifts come down from Thee above, who art the Father of lights. And unto Thee belong glory, dominion, and honour, now and ever, world without end. Amen.

[*Then shall the Clerks say, thrice,*]

The Lord's name be blessed henceforth and for ever.

Then shall the Priest turn to the congregation, and say, aloud,

O Christ, our God and our Saviour, Thou art the fulness of the Law and the Prophets, who didst fulfil all Thy Father's counsels. Fill us with Holy Spirit.

The Deacon. Orthi [stand up].
The Priest. Peace be ✠ to all.
The Clerks. And with Thy Spirit.
The Deacon Let us hearken in fear.
The Priest. The Holy Gospel of Jesus Christ, according to John.
The Clerks. Glory be to Thee, O Lord our God.
The Deacon. Let us attend.
The Clerks. It is God who speaks.
The Priest. From the Father of lights.

Ի սկզբանէ էր Բանն, և Բանն էր առ Աստուած, և Աստուած էր Բանն․ Նա էր ՚ի սկզբանէ առ Աստուած։

Ամենայն ինչ նովաւ եղև, և առանց նորա եղև և ոչինչ որ ինչ եղևն։ Նովաւ կեանք էր, և կեանքն էր լոյս մարդկան, և լոյսն ՚ի խաւարի անդ լուսաւոր է, և խաւար նմա ոչ եղև հասու։

Եղև այր մի առաքեալ յԱստուծոյ, անուն նմա Յովհաննէս․ սա եկն ՚ի վկայութիւն զի վկայեսցէ վասն լուսոյն, զի ամենեքին հաւատասցեն նովաւ․ ոչ էր նա լոյսն, այլ՝ զի վկայեսցէ վասն լուսոյն։

Էր լոյսն ճշմարիտ, որ լուսաւոր առնէ զամենայն մարդ՝ որ գալոց է յաշխարհ։ Յաշխարհի էր, և աշխարհ նովաւ եղև, և աշխարհ զնա ոչ ծանեաւ։

Յիւրսն եկն, և իւրքն զնա ոչ ընկալան․ իսկ որք ընկալան զնա՝ ետ նոցա իշխանութիւն որդիս Աստուծոյ լինել, որոց հաւատասցեն յանուն նորա․ ոյք ոչ յարեանէ, և ոչ ՚ի կամաց մարմնոյ, և ոչ ՚ի կամաց առն, այլ յԱստուծոյ ծնան։

Եւ Բանն մարմին եղև, և բնակեցաւ ՚ի մեզ․ և տեսաք զփառս նորա զփառս իբրև զՄիածնի առ ՚ի Հօրէ․ լի շնորհօք և ճշմարտութեամբ։

Դպիրքն։ փառք քեզ Տէր Աստուած մեր։

In the beginning was the Word, and the Word was with God, and the Word was God. The same was in the beginning with God. All things were made by Him; and without Him was not anything made that hath been made. In Him was life; and the life was the light of men. And the light shineth in the darkness; and the darkness apprehended it not.

There came a man, sent from God, whose name was John. The same came for witness, that he might bear witness of the light, that all might believe through him. He was not the light, but came that he might bear witness of the light.

He was the true light, even the light which lighteth every man, coming into the world. He was in the world, and the world was made by Him, and the world knew Him not.

He came unto His own, and they that were His own received Him not. But as many as received Him, to them gave He the right to become children of God, even to them that believe on His name: which were born, not of blood, nor of will of the flesh, nor of the will of man, but of God.

And the Word became flesh, and dwelt among us, and we beheld His glory, glory as of the only begotten from the Father, full of grace and truth.

The Clerks. Glory be to Thee, O Lord our God.

Սարկաւագն քարոզէ : Սուրբ խաչիւս աղաչեսցուք զՏէր, զի սովաւ փրկեսցէ զմեզ ՚ի մեղաց և կեցուսցէ շնորհիւ ողորմութեան իւրոյ . ամենակալ Տէր Աստուած մեր . կեցո՛ և ողորմեա՛ :

Քահանայն : Պահպանեա՛ զմեզ Քրիստոս Աստուած մեր. ընդ հովանեաւ սուրբ և պատուական խաչի քո ՚ի խաղաղութեան . փրկեա՛ յերևելի և յաներևոյթ թշնամեաց . արժանաւորեա՛ գոհութեամբ փառաւորել զքեզ ընդ Հօր և ընդ Հոգւոյդ Սրբոյ . այժմ՝ և միշտ և յաւիտեանս յաւիտենից . ամէն :

Դպիրքն : Օրհնեցից զՏէր յամենայն ժամ. յամենայն ժամ օրհնութիւն նորա ՚ի բերան իմ՝ :

Քահանայն խաչակնքելով զժողովուրդն և ասասցէ բարձր :

Օրհնեալ ✠ եղերուք ՚ի շնորհաց Սուրբ Հոգւոյն . երթայք խաղաղութեամբ և Տէր եղիցի ընդ ձեզ ընդ ամենեսեանդ . ամէն :

Եւ Դպիրքն ասասցեն : Ի Տէր պարծեսցի անձն իմ՝. լուիցեն հեզք, և ուրախ եղիցին :

Մե՛ծ արարէք զՏէր ինև . և բարձր արասցուք զանուն նորա ՚ի միասին :

Խնդրեցի ՚ի Տեառնէ և լուաւ ինձ . յամենայն նեղութենէ իմմէ փրկեաց զիս :

Մա՛տիք առ Տէր՝ և առէք զլոյս, և երեսք ձեր մի՛ ամաչեսցեն :

The Deacon. Let us pray to the Lord that through His holy Cross, He will save us from our sins, and keep us in life by the grace of His mercy. Almighty Lord our God, save us alive and have mercy upon us.

The Priest. Keep us in peace, O Christ our God, under the protection of Thy holy and venerable Cross; save us from visible and invisible enemies, and make us meet with thanksgivings to glorify Thee with the Father, and with the Holy Ghost, now and ever, world without end. Amen.

The Clerks. I will praise the Lord at all times, His praise shall ever be in my mouth.

Then shall the Priest make the sign of the Cross over the congregation, and say, aloud,

Be ye ☩ blessed with the graces of the Holy Spirit. Go in peace, and the Lord be with you all. Amen.

Then the Clerks shall say. My soul shall make her boast in the Lord: the meek shall hear thereof, and be glad.

O magnify the Lord with me, and let us exalt His name together.

I sought the Lord, and he answered me, and delivered me from all my fears.

Draw nigh unto the Lord, and receive light; and your faces shall not be ashamed.

Այս աղքատ կարդաց առ Տէր, և Տէր լուաւ սմա . յամենայն նեղութենէ նորա փրկեաց զսա ։

Բանակք հրեշտակաց Տեառն շուրջ են զերկիւղածովք իւրովք, և պահեն զնոսա ։

Ճաշակեցէք, և տեսէք, զի քաղցր է Տէր . երանեալ է այր որ յուսայ 'ի Նա ։

Երկերուք 'ի Տեառնէ ամենայն սուրբք նորա . զի ոչինչ է պակասութիւն երկիւղածաց նորա ։

Մեծամեծք աղքատացան և քաղցեան . բայց որք խնդրեն զՏէր, մի՛ պակասեսցի 'ի նոցանէ ամենայն բարութիւն ։

Եկա՛յք որդեակք իմ լուարուք ինձ . և զերկիւղ Տեառն ուսուցից ձեզ ։

Ո՞վ է մարդ՝ որ կամի զկեանս, սիրէ զաւուրս իւր տեսանել 'ի բարութեան ։

Լռեցո՛ զլեզու քո 'ի չարութենէ . և շրթունք քո մի՛ խօսեսցին զնենգութիւն ։

Խոտորեա՛ 'ի չարէ և արա՛ զբարի, խնդրեա՛ զխաղաղութիւն և երթ զհետ նորա ։

Աչք Տեառն 'ի վերայ արդարոց, և ականջք նորա 'ի վերայ աղօթից նոցա ։

Երեսք Տեառն 'ի վերայ չարագործաց, սատակել յերկրէ զյիշատակս նոցա ։

Կարդացին արդարքն առ Տէր, և Տէր լուաւ նոցա . յամենայն նեղութենէ նոցա փրկեաց զնոսա ։

Մերձ է Տէր առ այնոսիկ, որք մաշեալ են սրտիւք . և զխոնարհս հոգւով կեցուցանէ ։

This poor man cried, and the Lord heard him, and saved him out of all his troubles.

The angel of the Lord encampeth round about them that fear him, and delivereth them.

O taste and see that the Lord is good: blessed is the man that trusteth in Him.

O fear the Lord, ye His saints: for there is no want to them that fear Him.

The young lions do lack, and suffer hunger. But they that seek the Lord shall not want any good thing.

Come, ye children, hearken unto me: I will teach you the fear of the Lord.

What man is he that desireth life, and loveth many days, that he may see good?

Keep thy tongue from evil, and thy lips from speaking guile.

Depart from evil, and do good; seek peace, and ensue it.

The eyes of the Lord are towards the righteous, and his ears are open unto their cry.

The face of the Lord is against them that do evil, to cut off the remembrance of them from the earth.

The righteous cried, and the Lord heard them, and delivered them out of all their troubles.

The Lord is nigh unto them that are of a broken heart, and saveth such as be of a contrite spirit.

Ըազում նեղութիւնք են արդարոց, յամենայնէ
փրկէ զնոսա Տէր. և պահէ զամենայն ոսկերս նոցա.
և մի 'ի նոցանէ մի փշրեսցի։

Սա՛ հ մեղաւորին չար է, բայց որ ատէ զարդարն,
զղջասցի։

Փրկէ Տէր զանձինս ծառայից իւրոց. մի՛ զղջասցին
ամենեքեան՛ ոյք յուսացեալ են 'ի նա։

Փառք Հօր և Որդւոյ և Հոգւոյն Սրբոյ. այժմ և
միշտ և յաւիտեանս յաւիտենից. ամէն։

Ե-են ---- դաղոց, Ե-շեեդե ՞շես. Ե-յ---դ/ան՝
Ք-հանյն դայզել յ-եեեն. և ելկդ-եեդե ---ջէ ՚ջէյ
Սեդշայն եեեյ՚ և ---ցե:

Տէր Յիսուս Քաստուած ողորմեա՛ ինձ։

Ն- հեեյ յ----------ն Մեեյ-ցե 'է ղեեպ--դն. և ելնեդ
՚ե---դ--եե-/ե:

Many are the afflictions of the righteous; but the Lord delivereth him out of them all. He keepeth all their bones: not one of them is broken.

Evil shall slay the wicked: and they that hate the righteous shall be condemned.

The Lord redeemeth the soul of his servants: and none of them that trust in him shall be confounded.

Glory be to the Father, to the Son, and to the Holy Ghost, now and ever, world without end. Amen.

While the Clerks sing the Psalms, the blessed wafer is distributed to the congregation. After which the Priest shall turn to the East, and shall bow three times before the Holy Table, and say,

Lord Jesus, O God, have mercy on me.

Then, going into the vestry, he shall take off his vestments, and after that go in peace.

ՍԽԱԼ．

ERRATA.

ՍԽԱԼ։

Սխալ.	Ուղիղ.	Երես.	Տող.
նսա	*նմա*	4	6
դգեցուցի	*զգեցուցից*	,,	17
զշնարհն	*զշնորհն*	6	2
զհանտերձս	*զհանդերձս*	8	3
Քրիտոսի	*Քրիստոսի*	,,	13
զօրսութիւն	*զօրութիւն*	10	6
դյ	*իմոյ*	,,	17
սղսրմիա	*ողորմեա*	18	4
'ի հանեալ	*'ի հանդերձեալ*	20	1
խսատովան	*խոստովան*	,,	22
զօրհնութիւն	*զօրհնութիւն*	22	11
սեղանւյ	*սեղանոյ*	24	4
քեզ	*քեզ*	,,	6
ոգն	*Հոգին*	26	12
զշնարհս և զպարգևս	*զշնորհս և զպարգևս*	36	18
Ձանապական	*Ջանապական*	41	1
ձայնեացէ	*ձայնեոցէ*	,,	23
մեզ	*մեզ*	48	9
վերընկալցիս	*վերընկալցիս*	54	5
Դիրքն	*Դպիրքն*	,,	20
Տէր	*Տէր*	56	7
և երկիւղիւ դողու	*երկիւղիւ և դողու*	90	1
ըարըարոսաց	*բարբարոսաց*	92	5
ուզղափառ	*ուղղափառ*	94	4
գարծոց	*գործոց*	118	3

ERRATA.

FOR	READ	PAGE.	LINE.
into vestry	into the vestry	3	4
father	fathers	19	16
Almighty,	Almighty	,,	22
[heavenly light]	[heavenly] light	31	7
spirits	saints	,,	16
waves,	waves.	37	2
grant	He grants	39	27
bursted	burst	45	2
Mother and Virgin	Virgin Mother	49	12
praise	praise with the voice of the Trisagion	,,	18
let us beseech to the Lord	let us beseech the Lord	51	23
,, ,, ,, ,,	,, ,, ,, ,,	,,	26
us,	us;	55	6
one holy	one only holy	59	4
God.	God,	63	8
together,	together	,,	9
O,	O	,,	13
will	will,	,,	15
[but none of the Catechumens]	[Let none of the Catechumens]	69	1
He,	He	77	21
Father.	Father,	89	19
Deacon,	Deacon	95	1
that holy	that the holy	,,	14
with Holy Spirit	with Thy Holy Spirit	129	15
Cherubims	Cherubim	*passim*	
Seraphims	Seraphim	*passim*	

www.ingramcontent.com/pod-product-compliance
Lightning Source LLC
Chambersburg PA
CBHW030345170426
43202CB00010B/1247
9783337283254